개똥이네 책방 55

열두 달 근현대사 체험
교과서에 나오는 역사 현장

2024년 9월 2일 1판 1쇄 펴냄

글과 사진 배성호 | **그림** 한지선
편집 김누리, 김성재, 임헌, 이경희 | **디자인** 김은미 | **제작** 심준엽
영업마케팅 김현정, 심규완, 양병희 | **영업관리** 안명선 | **새사업부** 조서연 | **경영지원실** 노명아, 신종호, 차수민
인쇄와 제본 (주)상지사P&B

펴낸이 유문숙 | **펴낸 곳** (주)도서출판 보리 | **출판 등록** 1991년 8월 6일 제9-279호
주소 (10881) 경기도 파주시 직지길 492 | **전화** 031-955-3535 | **전송** 031-950-9501
누리집 www.boribook.com | **전자우편** bori@boribook.com

ⓒ배성호, 한지선, 2024

이 책의 내용을 쓰고자 할 때는, 저작권자와 출판사의 허락을 받아야 합니다.
잘못된 책은 바꾸어 드립니다.
값 17,000원

보리는 나무 한 그루를 베어 낼 가치가 있는지 생각하며 책을 만듭니다.

ISBN 979-11-6314-373-4 73910

제품명 : 도서 제조자명 : (주) 도서출판 보리 주소 : (10881) 경기도 파주시 직지길 492 전화번호 : (031) 955-3535
제조년월 : 2024년 9월 제조국 : 대한민국 사용연령 : 7세 이상 주의사항 : 책의 모서리가 날카로우니 다치지 않게 주의하세요.
KC 마크는 이 제품이 공통안전기준에 적합하였음을 의미합니다.

열두 달 근현대사 체험

교과서에 나오는 역사 현장

배성호 글과 사진 | 한지선 그림

보리

여는 글

생생한 우리 역사 체험 현장으로 여러분을 초대합니다!

여러분에게 특별한 날은 언제인가요? 여러분에게 특별한 장소는 어디인가요?

우리는 날마다 수많은 기념일과, 의미 있는 장소들과 마주하며 살아갑니다. 기념일에는 생일처럼 신나는 날도 있고, 어린이날이나 광복절처럼 뜻깊은 날도 있습니다. 생일날 친구들과 함께 뛰어놀았던 놀이터나 식구들과 함께 다녀온 박물관과 역사 현장들은 살면서 오래 기억에 남는 곳들이지요.

이 책은 특별한 날과 장소들에 대한 이야기를 담고 있어요. 살면서 꼭 기억해야 할 기념일과 그 기념일에 담긴 역사를 살필 수 있는 박물관과 역사 현장들을 소개합니다. 그래서 이 책을 읽다 보면 어느새 흥미진진한 역사 여행을 떠날 수 있을 거예요. 박물관과 역사 현장을 돌아보면서 당시 사람들의 생생한 이야기를 만나고, 이를 통해 무심코 지나쳤던 기념일에 담긴 뜻을 되돌아볼 수 있거든요. 달력에서 봤던 기념일들이 만들어지기까지 얼마나 많은 사람들이 함께 했는지 알게 되면 깜짝 놀랄 거예요.

박물관이나 역사 현장에 갔을 때 이 책에서 추천하는 장소부터 먼저 살펴보세요. 그럼 새로운 것들이 보이기 시작할 거예요. 이를테면 국립4·19민주묘지에서 '수호예찬의 비'를 둘러보며 민주주의를 지켜 낸 시민들의 용기를 되새겨 보거나, 남산 일본군 '위안부' 피해자 기림비에 들러 함께 마음을 나누는 것처럼 지금까지 쉽게 하지 못했던 역사 체험을 할 수 있거든요.

또, 역사 인물들과 생생하게 마주하는 체험도 할 수 있어요. 안중근 의사와 전태일

열사가 지나온 발자취를 살펴보고, 그분들의 삶이 우리의 현재를 어떻게 바꾸었는지 생각해 볼 수 있지요.

사실 이 책은 수많은 어린이 친구들과 함께한 덕분에 나올 수 있었답니다. 2년 동안 전국의 역사 현장을 누비면서 모은 이야기를 어린이 잡지 〈개똥이네 놀이터〉에서 달마다 나누었거든요. 그렇게 차곡차곡 쌓인 현장 소식과 이야기를 어린이들뿐만 아니라 전국에 있는 선생님들과 학부모님들께서도 흥미진진하게 살펴봐 주고, 책으로도 펴내면 좋겠다고 말해 주었어요. 덕분에 당시 취재와 답사를 하면서 나눈 내용을 최신 내용으로 정리해서 이렇게 엮을 수 있게 되었습니다.

2년 동안 직접 현장을 찾으면서 가슴 뛰는 경험을 참 많이 했습니다. 달마다 답사를 다니고 역사 현장을 촬영하고, 이를 함께 공부하는 학생들과 나눌 수 있어 행복했습니다. 현장을 함께 답사하면서 현장 안내와 사진 촬영을 도와준 강선영, 박찬희, 신승민 선생님을 비롯한 전국초등사회교과모임의 많은 선생님들, 그리고 박물관 학예사, 지역 활동가분들, 보리출판사 편집부에 고마움을 전합니다. 모쪼록 이 책을 벗 삼아 어린이와 청소년들이 희망찬 발걸음을 열어 가길 응원합니다!

어린이들과 희망을 만들어 가는 교실에서
배성호 드림

차례

여는 글 **생생한 우리 역사 체험 현장으로 여러분을 초대합니다!** • 4

3월

국립여성사전시관에서
만나는 여성들의 역사 • 8

4월

국립4·19민주묘지에서
기리는 4·19혁명 • 16

5월

광주에서 되새기는
5·18민주화운동 • 24

2월

대구와 **나주**에서 만나는
학생들의 뜨거운 외침 • 96

1월

식민지역사박물관에서
살펴보는 반민특위 • 88

12월

녹색병원에서 마주하는
우리 모두의 인권 • 80

남영동 대공분실에서
마주하는 6월민주항쟁 • 32

어린이어깨동무와 통일의 집에서
그려 보는 한반도 평화 • 40

남산에서 찾아보는
일제강점기의 아픔 • 48

민주생활전시관에서 만나는
우리나라 민주주의 역사 • 56

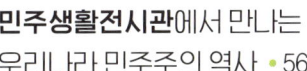

전태일기념관에서 만나는
'아름다운 청년' 전태일 • 72

독도체험관에서 살펴보는
독도의 역사 • 64

사진 제공 • 104

부록 한눈에 보는 **열두 달 근현대사 체험** 답사 길

3월 국립여성사전시관에서 만나는 여성들의 역사

여기는 어디야?

경기도 고양시 덕양구 정부고양지방합동청사 안에는
여성들의 역사를 알아볼 수 있는 특별한 곳이 있어.
바로 국립여성사전시관이야.
여성가족부에서 만든 전문 전시관이자 문화 공간으로
업적을 남긴 역사 속 여성들을 발굴하고 기리고 있어.
지금까지 남성 중심의 역사에 가려진
여성들의 삶과 투쟁을 알리기 위해 애쓰고 있지.
여성들이 어떤 역사를 만들어 왔는지 함께 살펴보자!

 주소 경기도 고양시 덕양구 화중로 104번길 50 1~2층
전화번호 031-819-2288

역사 달력

1898년 9월 1일 우리나라 최초의 여성 인권 선언문 '여권통문' 발표
1956년 8월 25일 이태영 변호사 여성법률상담소 설립
1977년 3월 8일 세계 여성의 날 제정

역사 인물

이태영(1914~1998)

이태영 선생은 우리나라 첫 여성 변호사이자
여성에 대한 불평등, 부조리한 관습과 맞서 싸운 여성운동가야.
'가족법 개정 운동'을 이끌며 낡은 법을 없애려고 애썼어.
또, 법률상담소를 세워서 당시 여성들의 목소리를 대변했어.

생생 역사 속으로

여성들의 역사를 세상 밖으로

국립여성사전시관은 기획전시실(1층)과
상설전시실(2층)로 되어 있어.
상설전시실은 '여성의 역사',
'변화와 대응', '기억과 기림',
'협력의 기록'이라는 주제로
전시 공간을 꾸며 놓았어.

상설전시실 내부 모습

고대부터 지금까지, 여성들이 만들어 온 역사

'여성의 역사'에서는 고대부터 고려, 조선과
근현대에 이르는 역사를 새로운 관점으로 볼 수 있어.
여성들의 이야기로 역사를 다시 짜 놓았거든.
시대별로 정리된 여러 자료들을 살펴볼 수 있지.
유물도 함께 전시해서 더 생생하게 관람할 수 있어.

여성의 삶과 역사를 이미지로 표현한 예술 작품도 살펴봐.

'여성의 역사' 전시실

미디어 아트 '위대한 유산'

세상을 바꾸기 위한 여성들의 노력

여성들은 더 나은 삶을 살기 위해 어떤 노력들을 했을까?
바로 '변화와 대응'에서 이 내용을 다뤄. 1950년대 이후 사회 변화에 따라
여성들은 경공업 공장에서 일하거나 버스 차장, 화장품 방문 판매원처럼
다양한 직업을 가졌어. 또, 낡은 제도와 인식을 바꾸기 위해 힘쓰기도 했지.
우리나라 첫 여성 변호사인 이태영 변호사는 한국가정법률상담소의
바탕이 된 여성법률상담소를 세우고 법과 제도,
사회 인식을 바꿔 나갔어.

화장품 방문 판매원의 가방

버스 차장의 물건

'가족법 개정 운동' 홍보 포스터

세계 평화를 이끄는 여성들

'기억과 기림'은 생존을 위해 침묵을 강요당했던
일본군 '위안부' 피해자를 기억하고 기리는 공간이야.
우리나라에서 '위안부' 피해 사실을 맨 처음 증언한
김학순 할머니 동상이 자리하고 있어.
'협력의 기록'에서는 남북의 협력,
평화를 위한 여성들의 활동을 살펴볼 수 있지.
전쟁의 가장 큰 피해자였던 여성들이
지금은 세계 평화에 앞장서고 있어.

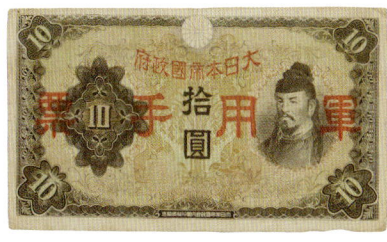
일본군 '위안부'
피해자들이
받았던 군용 수표

김학순 할머니 동상이야. 할머니의 용기 덕분에
세계 곳곳에 있던 일본군 '위안부' 피해자들이
뒤따라 증언을 시작했어.

국립여성사전시관에서 여기는 꼭 들러 봐! - '위대한 유산'

국립여성사전시관은 꼭 미술관처럼 꾸며져 있어.
유물이나 자료를 단순히 전시한 것이 아니라
영상과 터치스크린 들을 활용해서
더 생생하게 보고 느낄 수 있도록 했거든.
미디어 아트 작품인 '위대한 유산'을 보며
여성들이 시대에 따라 일군 삶을 다시 생각해 보고
역사 속 여성들과 사진도 찍어 보면 좋겠어.

이이남 작가가 만든 '위대한 유산' 가운데 한 장면

역사 속 여성들과 함께 사진을 찍을 수 있는 전시물

여성 참정권 운동

여성들이 참정권*을 가지게 된 역사는 길지 않아. 뉴질랜드에서는 케이트 셰퍼드라는 여성운동가가 앞장서서 여성 참정권 운동을 펼쳤어. 그 결과, 뉴질랜드 정부는 1893년에 세계에서 처음으로 여성들의 정치 참여를 법으로 인정하고 투표권도 보장했어. 뒤이어 미국과 유럽 여성들도 참정권을 얻어 냈지. 우리나라는 1948년에 여성도 투표를 할 수 있게 되었어. 사우디아라비아는 2015년에야 여성 참정권을 인정했어.

* 참정권: 투표를 비롯해 정치에 참여할 수 있는 권리.

지금은 여성도 투표하는 게 당연하지만, 오랜 시간 동안 맞서 싸워 온 결과야.

우리나라 첫 여성 인권 선언문, '여권통문'

1898년에 서울 북촌 양반 여성 300여 명이 모여 김소사*와 이소사라는 이름으로 '여권통문(여학교설시통문)'을 발표했어. 이 선언문에서 여성도 직업을 가질 권리, 교육받을 권리, 정치에 참여할 권리가 있다고 주장했어.

* 소사: 나이 든 결혼한 여성을 일컫는 말.

> 먼저 문명개화한 나라를 보면 남녀가 평등하여
> 어려서부터 각각 학교에 다니며 재주를 다 배우고
> 이목을 넓히고 장성한 뒤에는 사나이와
> 부부의 연을 맺어 평생을 사는데 살더라도
> 그 사나이한테 조금도 절제를 받지 아니하고
> 도리어 극히 공경함을 받는데
> 그 재주와 권리와 신의가 사나이와 같기 때문이다.
> 어찌 아름답지 아니하리오.
> 여성의 몸과 마음도 남자와 같거늘
> 어찌하여 규방에 갇혀 밥과 술만 지으리오.
> – '여권통문' 가운데 –

〈황성신문〉에 실린 '여권통문' 전문

'여권통문' 덕분에 우리나라 첫 여성 단체인 '찬양회'가 만들어졌고 여학교 170개가 세워졌어.

'세계 여성의 날'은 어떻게 만들어졌을까?

미국 섬유 공장의 여성 노동자들은 열악한 일터에서 일했어. 게다가 남성들과 같은 일을 하는데도 더 적은 임금을 받았지. 그러다가 일터에 불이 나 여성 노동자들이 죽는 일이 벌어졌어. 이에 1908년 3월 8일, 여성 노동자 1만 5천여 명이 모여 큰 시위를 벌였어. 그들은 임금 향상, 근무 시간 줄이기, 일터 환경 개선, 투표권 들을 요구했지. 이 시위는 그 뒤로 많은 여성운동에 불을 붙였어.

국제연합(UN)은 이 시위를 기념하며 1975년을 '세계 여성의 해'로 선포하고 1977년 3월 8일을 '세계 여성의 날'로 정했어.

아직도 남아 있는 여성 차별

우리나라에서는 1920년부터 나혜석, 박인덕 같은 여성운동가들이 세계 여성의 날 기념행사를 열었어. 광복 뒤에는 사회운동을 탄압해서 드러내 놓고 하지 못했지.
그러다 1985년부터 '한국여성대회'라는 이름으로 세계 여성의 날을 기념하고 있어.
이렇게 참정권을 얻어 내고, 여성의 날도 생겼지만 우리 사회에는 여전히 여성 차별이 남아 있어.
왜 여성들이 주로 살림과 육아를 도맡을까?
왜 여성들은 남성보다 월급이 더 적을까?
왜 성폭력 피해자는 여성이 더 많을까?
이처럼 함께 풀어야 할 숙제가 아직도 많아.

우리나라 빈곤층에서 여성이 차지하는 비율은 남성보다 높아요. 그런데 제22대 국회의원 300명 가운데 여성 의원은 60명뿐입니다.

역사 배경지식 쏙쏙

시대의 한계에 맞서 성평등을 외친 화가, 나혜석

나혜석은 우리나라 첫 여성 서양화가야. 당시 여성에게만 요구되는 태도, 부조리한 결혼 제도들을 비판하는 여성운동가이기도 했어. '인형의 가', '이혼고백서' 같은 글이 대표적이지. 나혜석은 꿋꿋하게 자기 가치관을 세상에 외치며 능력을 펼쳤고, 우리 사회가 바뀌는 데 많은 영향을 끼쳤어.

주제로 보는 한국사 연표 : 여성운동

1898년 여권통문 발표 - 여성 인권에 대한 인식을 널리 일깨움

1907년 정미의병 - 우리나라 첫 여성 의병장 윤희순이 여성 의병을 만들어 항일 투쟁을 함께함

1919년 3·1운동 - 유관순, 김마리아, 이신애 열사를 비롯해 수많은 여성들이 3·1운동을 이끎

1927년 근우회 설립 - 일제강점기 때 조직된 독립운동, 여성운동 단체

1932년 제주 해녀 항일 운동 - 제주도 동부 지역 해녀 1만 7천여 명이 일제의 경제 수탈 정책에 항거한 사건. 국내 최대 여성 항일 운동

1940년 한국광복군 창설 - 여성 광복군 함께 참여

1948년 5·10총선거 - 여성과 남성이 함께 투표 참여

1956년 이태영 변호사 여성법률상담소 설립

1991년 김학순 할머니 '위안부' 피해 사실 공개 증언

2005년 호주제, 동성동본 결혼금지 폐지

함께 생각해요

- 성별에 관계없이 모두가 행복하게 살아가려면 어떤 노력이 필요할까요?

국립4·19민주묘지에서
기리는 4·19혁명

 ## 여기는 어디야?

서울특별시 강북구 북한산 자락에 국립4·19민주묘지가 있어.

4·19혁명 정신을 기억하고 희생자들을 기리기 위한 곳이야.

4·19혁명은 우리나라 역사에서 처음으로 시민들이

독재자를 끌어내린 사건으로 헌법에도 기록되어 있어.

우리나라 민주주의 발전에 큰 디딤돌이 되었지.

그럼 국립4·19민주묘지에 가서

4·19혁명에 대해 더 알아보자.

 주소 서울특별시 강북구 4.19로 8길17(수유동 산9-1)
전화번호 02-996-0419

역사 달력

1960년 3월 15일 3·15의거
1960년 4월 19일 4·19혁명

역사 인물

김주열(1943~1960)

김주열 열사는 1960년 3월에 이승만 정권의
부정선거에 항의하는 시위에 나갔어.
그러다 목숨을 잃고 말았어. 그의 죽음에 시민들은
크게 분노했고, 이 일은 4·19혁명의 불씨가 되었어.

생생 역사 속으로

소중한 민주주의와 숭고한 희생을 잊지 않기 위해

국립4·19민주묘지는 4·19혁명을 기억하고, 민주주의를 지키다가 희생된 시민들을 기리기 위해 만들어졌어. 참배할 수 있는 묘역뿐 아니라 기념탑과 조형물, 4·19혁명기념관 들이 마련되어 있어.

> 국립4·19민주묘지로 들어가는 길에 '민주성지'라고 쓰인 표석이 있어.

4월학생혁명기념탑과 분향소

참배로를 따라 걸어가면 높다란 기념탑이 눈에 띄어. 4·19혁명의 정신을 나타낸 기둥 일곱 개가 솟아 있지. 그 아래엔 민주주의를 지켜 낸 시민들을 표현한 동상과 참배할 수 있는 분향소가 있어.

해마다 4월이 오면 접동새 울음 속에 그들의 피 묻은 혼의 하소연이 들릴 것이요. 해마다 4월이 오면 봄을 선구하는 진달래처럼 민족의 꽃들은 사람들의 가슴마다 되살아 피어나리라.
- 기념탑 비문 가운데 -

만장과 묘역

4월학생혁명기념탑 둘레에 높다랗게 뻗은 스무 개의 만장은 희생자를 애도하는 마음을 표현한 거야. 묘역 195번에는 당시 초등학생이었던 전한승 군이 잠들어 있어. 전한승 군은 초등학교 6학년 때 4·19혁명 시위에 나갔다가 경찰이 쏜 총에 맞아 숨을 거두었어.

4·19혁명으로 목숨을 잃은 전한승 군의 묘지야. 함께 묵념을 올리자.

4·19혁명기념관

1997년에 문을 연 기념관은 4·19혁명이 어떤 사건인지 알리고, 그 뜻을 기억하려고 만들었어.
1층에서는 광복과 전쟁, 독재 정치의 흐름 속에서 어떻게 4·19혁명이 일어나게 됐는지 알려 주고 2층에서는 4·19혁명의 역사적 의미와 4·19혁명이 우리에게 남긴 것을 주제로 전시하고 있어.

부정선거에 항의하려고 시작했던 시위는 점차 독재 정권을 끝내고자 하는 투쟁으로 발전했어.

초등학생들도 거리로 나가 "군인 아저씨, 우리 부모 형제들에게 총을 쏘지 마세요!" 하고 외쳤어.

국립4·19민주묘지에서 여기는 꼭 들러 봐! - '수호예찬의 비'

참배로 둘레에 있는 잔디 광장 너머로 가면
'수호예찬의 비'가 늠름하게 늘어서 있어.
4·19혁명을 소재로 한 시 가운데
많은 사람들이 추천한 열두 편의 시를 화강암에 새겨 놓았지.
시를 한 편 한 편 읽으며 민주주의를 지키다가
희생된 시민들과 그분들 덕분에 누리고 있는
오늘날의 자유를 되새겨 보면 좋겠어.

'수호예찬의 비' 둘레에 있는 '자유의 투사'라는 조형물도 살펴봐. 독재 권력에 맞선 학생들 모습을 나타낸 거야.

이승만과 자유당의 독재

한반도는 광복을 맞이했지만 남과 북으로 갈라졌고, 따로 선거를 치러 각자 정부를 세웠어. 남쪽에선 이승만이 첫 대통령으로 뽑혔지. 대통령을 오래 하고 싶었던 이승만과 자유당은 국회의원들을 협박해 임기 동안 헌법을 여러 번 바꾸었어. 그렇게 10년 넘게 권력을 쥐고서 부정부패를 일삼았어.

이승만은 대한민국임시정부 초대 대통령이자 대한민국의 1, 2, 3대 대통령이었어. 이처럼 이승만 정권의 독재 정치 때문에 시민들의 걱정과 불만은 날로 커졌어.

학생들이 들고일어난 2·28민주운동

1960년, 이승만 정권은 3월 15일 선거를 앞두고 야당 후보 선거 유세에 학생들이 참여하지 못하도록 일요일에도 학교에 나오게 했어. 2월 28일 일요일, 이에 분노한 대구의 남녀 고등학생 800여 명이 거리로 나와 시위를 벌였어. 이를 시작으로 3월 15일 선거를 반대하는 시위가 전국으로 퍼져 나갔어.

민주주의를 무시한 3·15부정선거

그러나 시민들의 저항을 무시한 채, 선거는 3월 15일에 그대로 열렸어. 한 사람이 스무 표를 넣기도 하고, 투표함에 자유당을 찍은 표를 미리 넣어 두는 등 조작된 선거가 치러졌지. 투표장에는 자유당에서 보낸 사람들이 와서 시민들을 겁주고 감시까지 했어. 결국 이승만은 다시 대통령이 되었고 부통령에는 자유당 후보 이기붕이 뽑혔어.

4·19혁명에 불을 지핀 김주열의 죽음

부정선거가 치러지자 경남 마산 시민들은 "민주주의는 죽었다!"고
외치며 시위를 벌였어. 경찰들은 총을 쏴서 진압했지.
그런데 얼마 뒤, 시위 때 행방불명이 된 고등학생
김주열의 주검이 마산 앞바다에서 발견된 거야.
이 사실은 온 나라에 알려졌고, 시민들은 크게 분노했어.

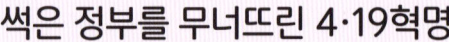

썩은 정부를 무너뜨린 4·19혁명

마침내 1960년 4월 19일, 전국 곳곳에서
분노한 시민들이 거리로 나와 시위를 벌였어.
남녀노소 할 것 없이 모두 한마음이었어.
서울에서만 10만 명이 넘는 시민들이 모였지.
경찰들은 총을 쏘며 막아섰고,
많은 시민들이 다치거나 죽었어.
그러나 시민들은 굽히지 않았고 시위는
걷잡을 수 없이 커졌어. 결국 이승만은
대통령 자리에서 물러나 미국으로 떠났고
이승만 독재 정권도 무너졌어.

학생들이 되찾아 온 민주주의

4·19혁명은 학교에서 민주주의가 무엇인지 배운
학생들이 부정부패한 정치에 저항하며 시작되었어.
자유와 정의를 외치며 거리로 나선
학생들과 시민들의 저항 정신은
우리나라 헌법에도 기록된 소중한 역사야.

> 유구한 역사와 전통에 빛나는 우리 대한민국은
> 3·1운동으로 건립된 대한민국임시정부의 법통과
> 불의에 항거한 4·19민주이념을 계승하고 (줄임)
> – 대한민국 헌법 가운데 –

역사 배경지식 쏙쏙

 **공정한 선거를 위한 4대 원칙**

민주주의 국가에서 선거 때 지켜야 하는 네 가지 원칙이 있어. 함께 알아보자.

> 보통선거: 성별이나 사회적 신분, 교육, 재산, 인종, 신앙 같은 것에 관계없이 만 18세 이상 대한민국 국민은 누구나 선거권을 갖는다.
> 평등선거: 선거권을 가진 국민은 누구나 평등하게 한 표씩 투표권을 가진다.
> 직접선거: 선거권이 있는 국민이 직접 후보자를 선택하여 투표한다.
> 비밀선거: 자유롭고 공정한 선거를 위해 누구에게 투표했는지 비밀로 한다.

 주제로 보는 한국사 연표 : 4·19혁명

1948년 — 5·10총선거
우리나라에서 가장 처음 열린 보통선거

1948년 — 대한민국 정부 수립
초대 대통령으로 이승만, 부통령으로 이시영이 뽑힘

1952년 — 제2대 대통령으로 이승만 당선
이승만이 비상계엄령을 선포하고, 야당 국회의원을 체포해서 헌법을 바꾸게 한 뒤 대통령으로 당선됨

1954년 — 사사오입 개헌
이승만이 '초대 대통령의 3선 금지 조항 삭제' 같은 내용이 포함된 개헌안을 '사사오입' 방식으로 통과시킴

1956년 — 제3대 대통령으로 이승만 당선

1993년 — 공식 명칭이 된 4·19혁명
군사 정권에서 '4·19' 또는 '4·19의거'로 낮추어 불렀으나 김영삼 정부 때부터 '4·19혁명'이라 부름

1960년 — 이승만 대통령 하야 성명

1960년 — 4·19혁명

1960년 — 3·15의거
3·15부정선거에 반발하며 마산에서 큰 시위가 일어남

1960년 — 3·15부정선거
이승만과 자유당이 제4대 대통령 선거에서 부정선거를 치름

1960년 — 2·28 민주운동

 함께 생각해요

- 초등학생, 중학생처럼 아직 어린 학생들도 4·19혁명을 함께하며 역사를 바꾸었어요. 이 모습을 보며 어떤 생각이 들었나요?

광주에서 되새기는 5·18민주화운동

여기는 어디야?

5·18민주화운동은 전두환과 신군부 세력에 맞서

1980년 5월 18일부터 27일까지

광주 시민과 전남 도민이 죽음을 무릅쓰고 저항한 사건이야.

이 운동은 우리나라 민주주의에 큰 밑거름이 되었고

다른 나라 시민들에게도 뜻깊은 본보기가 되었어.

광주에는 5·18민주화운동기록관을 비롯해서

5·18민주화운동의 자취를 찾아볼 수 있는

역사적 장소들이 곳곳에 있어.

그럼 광주로 가서 5·18민주화운동에 대해 함께 알아보자.

5·18민주화운동기록관

오월길

주소 광주광역시 동구 금남로 221(5·18민주화운동기록관)
전화번호 062-613-8204(5·18민주화운동기록관)

역사 달력

1980년 5월 18일 5·18민주화운동

역사 인물

홍남순(1912~2006)

홍남순 선생은 인권 변호사이자, 1960~1970년대 민주화운동을 이끌었던 분이야. 무엇보다 1980년에 5·18민주화운동 수습대책위원으로 계엄군 사령부 등을 찾아가 협상을 하기도 했어. 그 뒤 세상을 떠날 때까지 5·18민주화운동의 진실을 밝히려고 몸 바쳐 일했어.

생생 역사 속으로

그날의 기억을 품은 5·18민주화운동기록관

이곳은 5·18민주화운동 기록 유산들을 체계적으로 수집하고 보존하는 곳이야. 5·18민주화운동의 역사적 의미를 세계 사람들과 나누기 위해 만들었지. 당시 시민들의 피난처이자 계엄군이 쏜 총탄의 흔적이 남아 있는 옛 광주가톨릭센터 건물이 기록관으로 쓰이고 있어.

기록관에서 마주하는 1980년 5월 광주의 모습

5·18민주화운동기록관은 모두 7층으로 이루어졌어. 1, 2층은 민주화운동의 역사 기록들을 살펴볼 수 있는 상설전시실이야.
3층도 상설전시실인데 유네스코 세계기록유산과 관련한 전시, 영상실 들이 있어. 4층에는 도서실, 5층에는 기록물을 보관하는 수장고가 있지. 6층에는 시민들과 민주화운동을 함께한 윤공희 대주교의 집무실을 복원한 공간과 천주교 광주대교구에서 보관하는 기록물을 전시하고 있어.

2011년에 5·18민주화운동 기록물들이 유네스코 세계기록유산으로 선정되었어. 부당한 국가 권력에 맞선 시민 투쟁의 기록을 인류가 지켜야 할 중요한 유산이라고 여겼기 때문이야.

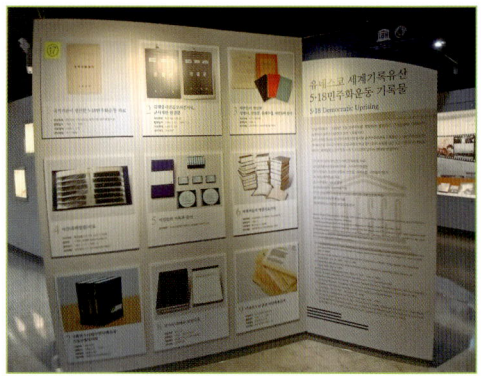

광주 곳곳에 남아 있는 5·18민주화운동의 역사 현장

전남대학교

5·18민주화운동이 시작된 곳이야. 대학생과 시민들은 전남대 정문에서 '전두환 독재 정권은 물러나라'고 외치며 시위를 벌였어.

옛 전남도청과 5·18민주광장(분수대)

시민들이 모여 시국선언문을 발표하고 민주화를 외치던 곳이야. 시민군이 군인들의 무력 진압에 맞서 싸운 마지막 장소이기도 해. 이때 많은 시민군이 죽고 말았어.

> 지금도 날마다 오후 5시 18분이 되면 광장에 있는 5·18시계탑에서 <님을 위한 행진곡> 종소리가 울려 퍼져.

5·18구묘지(망월동 묘지)

시민들은 제대로 된 장례조차 치르지 못하고 식구의 주검을 수레로 싣고 와 이곳에 묻어야 했어. 지금도 많은 참배객이 들러 그때의 참혹함을 떠올려.

양동 시장

상인들도 함께 힘을 모았어. 시민군과 학생들에게 음식을 나눠 주고 구급약과 생필품을 내줬지.

> '오월길' 누리집에 가면 역사적인 장소들을 더 많이 안내하고 있어. 꼭 한번 들어가 봐!

광주시에서 여기는 꼭 들러 봐!
- 5·18민주화운동기록관 '1층 상설전시실'

방문 콕콕

기록관 1층 상설전시실에 가면
5·18민주화운동에 대해 상세하게 살펴볼 수 있어.
사진, 영상 같은 여러 가지 자료들을 바탕으로
그날의 풍경을 섬세하게 짜 놓았거든.
평범한 일상을 살아가던 사람들이
잔혹한 국가 폭력에 어떻게 맞섰는지 잘 알 수 있도록 했지.
이곳을 둘러보며 지금 우리가 당연하게 누리고 있는
민주주의가 얼마나 큰 희생과 간절함으로 얻어 낸 것인지
떠올려 보면 좋겠어.

양은 대야에 주먹밥을 담아 시민군에게 나눠 주었어.

박정희의 죽음 그리고 신군부의 등장

1979년 10월 26일, 박정희는 부하인 김재규가 쏜 총에 맞아 목숨을 잃어. 이 사건으로 18년 넘게 이어진 박정희 정권은 막을 내렸어. 국민들은 민주화의 꿈에 부풀었지. 그러나 같은 해 12월 12일, 전두환과 노태우를 중심으로 한 군인들(신군부)이 반란을 일으켜 권력을 잡고 말아.

박정희

오지 못한 '서울의 봄'

이듬해 봄부터 신군부 세력에 반대하는 민주화운동이 일어났어. 이를 '서울의 봄'이라고 불러. 서울역에 10만 명이 넘는 대학생들이 모여 시위를 벌였지. 이 열기는 전국으로 퍼져나갔고, 광주에도 이르렀어. 하지만 신군부는 나라의 행정과 군사를 장악해 국민의 자유를 빼앗고, 자기들을 반대하는 정치인과 학생들을 잡아갔어.

총알이 빗발친 광주

광주에서도 5월 초부터 대학생들이 모여, 신군부 반대 시위를 여러 날 이어 나갔어. 그러던 1980년 5월 18일, 전남대학교 학생들이 학교에 진을 친 군인들을 보고 물러나라고 외쳤어. 그러나 군인들은 무자비한 폭력으로 학생들을 진압했고 이를 말리던 시민들도 때렸어. 이날에만 400명 넘는 시민들이 군인들에게 끌려갔고 병원은 다친 사람들로 넘쳐났어. 군인들은 시위대에 총까지 쏘기 시작했고 도로를 막고 통신도 끊어서 광주에서 어떤 일이 벌어지는지 광주 바깥에서는 알지 못하게 했어.

'시민군'을 만들어 저항하다

군인들의 무자비한 폭력과 고립된 상황 속에서 광주 시민들은 '시민군'을 만들어 맞섰어. 시민군은 세차게 저항하며 군인들을 점점 광주 밖으로 몰아냈지. 그러나 1980년 5월 27일 새벽, 군인들이 탱크와 헬기를 몰고 와 시민들을 무참히 학살했고, 저항은 끝이 났어.

이 열흘 동안 3,000명이 넘는 광주 시민들이 목숨을 잃거나 다쳤어.

폭력 속에서도 빛을 발한 공동체 정신

광주 시민들은 국가로부터 잔인한 폭력을 당했지만, 그 속에서도 훌륭한 공동체 정신을 보여 줬어. 서로 식구를 돌봐 주거나 동네 치안을 살폈고, 주먹밥을 만들어 지친 시위대에 나눠 주기도 했어. 또, 다친 시민들을 위해 헌혈을 하겠다는 사람들이 병원 앞에 길게 줄지어 섰다고 해.

광주 시민들은 짧은 기간이었지만 너와 내가 따로 없는 자치 공동체를 만들었던 거야.

뒤늦게 알려진 5·18민주화운동의 진실

전두환은 국민들에게 광주 시민들이 폭동을 일으킨 거라고 거짓말을 했어. 그러나 1988년, 시민들의 끊임없는 요구로 국회 청문회가 열리며 비로소 진실이 밝혀졌어.
전두환과 사건 책임자들은 결국 재판을 받고 감옥에 갇혔어. 하지만 2년 뒤, 특별사면*으로 풀려나고 말아.
광주 시민들은 폭도라는 누명을 벗고 피해 보상을 받게 되었지만 이 정도로 아물기에는 너무 깊고 큰 상처였어.

군사 반란을 일으키고 시민들을 죽인 전두환, 노태우에게 무기징역과 17년 형을 선고합니다.

* 특별사면: 죄를 지어 벌을 받고 있는 사람의 형량을 대통령이 없애 주는 일.

역사 배경지식 쏙쏙

'푸른 눈의 목격자' 위르겐 힌츠페터

위르겐 힌츠페터는 독일 기자였어. 1980년 5월, 그는 완전히 고립된 광주로 들어가 그곳에서 벌어진 일들을 영상으로 담았어. 다시 어렵게 빠져나온 위르겐 힌츠페터는 독일로 돌아가서 광주에서 벌어진 일을 다큐멘터리로 만들었지. 그의 용기 덕분에 5·18민주화운동의 진실이 전 세계에 알려졌어.

주제로 보는 한국사 연표 : 5·18민주화운동

1979년 — 10·26사태
박정희가 김재규가 쏜 총에 맞아 사망함

1979년 — 12·12사태
신군부 세력이 군사 반란을 일으켜 정권을 장악함

1980년 — 5·18민주화운동
광주에서 전두환 독재 정권에 반대하는 민주화운동이 일어남

1987년 — 6월민주항쟁
직선제 개헌을 요구하는 시위가 일어남

1988년 — 5·18민주화운동의 진상을 밝히기 위한 국회 청문회가 열림

2020년 — 5·18민주화운동 진상규명조사위원회 출범
5·18민주화운동 청산 작업에서 발생한 오류와 미흡한 점들을 바로잡으려고 만듦

2011년 — 5·18민주화운동 기록물이 유네스코 세계기록유산으로 등재

1997년 — 전두환, 노태우 유죄 판결

1995년 — 전두환, 노태우 구속

함께 생각해요

• 유네스코는 지난 2011년에 5·18민주화운동 기록물을 세계기록유산으로 지정했어요. 그 까닭은 무엇일까요?

6월

남영동 대공분실에서
마주하는 6월민주항쟁

여기는 어디야?

1980년대는 전두환 독재 정권과 끊임없이 맞서 싸우던 때였어.

독재 정권에 반대하던 많은 사람들이

'남영동 대공분실'이라 불리던 곳으로 끌려와

억울하게 고문을 당했지.

당시 대학생이었던 박종철 열사도

이곳에서 고문을 당하다 죽고 말았어.

그리고 그의 죽음은 6월민주항쟁의 불씨가 되었지.

국가 폭력의 어두운 역사로 가득했던 이곳을 돌아보며

우리나라 헌법을 바꾸게 한, 큰 사건들에 대해 함께 알아보자.

주소 서울특별시 용산구 한강대로71길 37(민주화운동기념관)
전화번호 031-361-9500

역사 달력

1987년 6월 10일 6월민주항쟁
1987년 6월 29일 6·29선언

역사 인물

이한열(1966~1987)

이한열 열사는 전두환 독재 정권에 맞서 싸운 학생운동가야.
그는 연세대학교를 다니던 때인 1987년 6월에
전두환 독재 정권에 항의하는 시위에 참여했다가 목숨을 잃었어.
이 일은 6월민주항쟁의 불길이 더 거세지게 했어.

생생 역사 속으로

인권을 짓밟던 공포의 장소, 남영동 대공분실

서울 지하철 1호선 남영역 가까이에 커다란 벽돌 건물이 우뚝 서 있어. 이 건물에는 '국제해양연구소'라는 간판이 붙어 있었지. 하지만 그건 가짜 이름이었고, 실제로는 '남영동 대공분실'이라 불렀어. 지을 때부터 사람을 고문하기 위해 설계한 건물이었어. 전두환 독재 정권은 정부에 반대하는 사람들을 이곳으로 끌고 와 고문하고, 간첩이라는 누명을 씌웠어.

> 박정희 정권 때 나라에 해를 끼치는 사람을 조사한다는 목적으로 전국 곳곳에 '대공분실'을 세웠어. 하지만 많은 사람들이 억울하게 끌려와 고문을 당했지. 그 가운데 널리 알려진 곳이 바로 남영동 대공분실이야.

정문과 후문

남영동 대공분실 정문은 두껍고 무거워서 여닫을 때마다 큰 소리가 났어. 마치 탱크 소리 같아서 잡혀 온 사람은 큰 공포를 느꼈지. 경찰들은 잡아 온 사람을 건물 뒤편에 있는 후문으로 끌고 들어갔어.

회전 계단

후문으로 들어가면 몹시 폭이 좁고 가파른 회전 계단이 나와. 보통 계단과 달리 회오리처럼 빙글빙글 돌며 올라가는 계단이야. 잡혀 온 사람은 눈이 가려진 채 5층까지 올라갔어.

> 자기가 몇 층으로 가는지 전혀 가늠할 수 없어서 더욱 공포를 느꼈다고 해.

5층 복도

5층 복도를 사이에 두고 15개의 조사실이 빽빽하게 엇갈려 있어. 맞은편 방에 누가 있는지, 어떻게 수사를 하는지 볼 수 없게 만든 거야. 또, 조사실 조명을 조절하는 스위치가 복도에 있어. 밖에서 방 밝기를 조절해 조사받는 사람이 느낄 긴장감을 쥐락펴락하기 위해서지.

조사실 문마다 렌즈가 있는데, 이것도 문밖에 달려 있어. 경찰들이 밖에서 안을 감시하려고 그런 거야.

조사실

3평쯤 되는 좁은 조사실에 세면대, 변기, 욕조가 들어 있어. 경찰들은 똥 누는 것까지 카메라로 감시했어. 인간으로서 최소한의 존엄성조차 지켜지지 않은 거야. 또, 방에서 소리가 새어 나가지 않도록 방음벽으로 둘러쌌는데도 심한 고문으로 터져 나오는 비명 소리가 들렸다고 해.

어둠을 딛고 밝은 미래를 향해, 민주화운동기념관

2018년, 정부는 국가 폭력의 상징이던 이곳을 민주주의와 인권의 소중함을 일깨우는 공간으로 만들겠다고 발표했어. 그리고 2024년 2월에 '민주화운동기념관'이라는 새 이름으로 부르기로 했어.
이제 남영동 대공분실은 전시와 교육 시설을 더해 국가 폭력의 어두운 역사를 기억하고, 민주주의 발전을 이끄는 공간으로 새롭게 문을 열 예정이야.

남영동 대공분실에서 여기는 꼭 들러 봐! - '509호 조사실'

방문 콕콕

다른 조사실들은 보통 지하에 있지만
남영동 대공분실 조사실은 지상 5층에 있어.
또, 복도 출입구 문과 조사실 문의
크기, 색깔이 모두 똑같아.
그래서 억울하게 잡혀 온 사람이 조사실에서
도망쳐 나와도 어디로 나가야 할지 알 수 없었어.
오늘날, 당시 조사실 모습이
본래 모습대로 있는 곳은 단 한곳,
509호 조사실뿐이야.
국가가 독재 권력을 지키기 위해
얼마나 잔혹한 폭력을 저질렀는지 말 없이 전하고 있어.
이곳을 애도하는 마음으로 함께 둘러보자.
그리고 큰 절망 앞에서도 굽히지 않았던
평범한 학생, 시민들의 용기를
온 마음으로 느껴 보았으면 해.

박종철 열사는 이곳 옥조에서 물고문을 당하다 목숨을 잃었어.

국민들의 눈과 귀와 입을 틀어막은 전두환 독재 정권

5·18민주화운동을 총칼로 누르고 대통령이 된 전두환은
대놓고 언론을 탄압했어. 보도 내용을 검열하고,
정권을 비판하거나 민주주의를 주장하는 신문과 잡지를 없앴어.
1980년대 내내 전두환 독재 정권을 비판하는 시위가 이어졌지.
정부는 민주화운동을 하는 학생과
시민들을 전국 곳곳에 있는 대공분실로
끌고 가 고문했어.
그렇게 해서 거짓 자백을 받아 내거나
간첩이라는 누명을 씌웠어.

6월민주항쟁의 불씨가 된 '박종철 고문치사 사건'

1987년 1월, 대학생 박종철은 한밤중에 경찰들에게 잡혀 남영동 대공분실로 끌려왔어.
경찰들은 박종철에게 민주화운동을 함께한 선배가 어디 있는지 말하라며
모진 물고문을 했어. 끝내 박종철은 목숨을 잃고 말았어.
하지만 경찰은 "(박종철을 조사하다가) 책상을 '탁' 치니 '억' 하고 죽었다."고 발표하며
이 사건을 숨기려 했지. 이에 분노한 대학생들은 거리로 나와
박종철이 죽은 까닭을 밝히고, 독재 정치를 끝내라고 외쳤어.
그리고 대통령은 국민들이 직접 뽑아야 한다고 주장했지만, 전두환은 끝끝내 거부했어.

박종철 열사의 영정 사진을 들고 행진하는 대학생들 모습이야. 당시 대통령은 국민이 아닌 '대통령 선거인단'이라는 단체에서 뽑았어.

독재 정권을 무너뜨린 6월민주항쟁

국민들은 물러서지 않고 시위를 이어 갔어. 그러던 가운데 대학생 이한열이
경찰이 쏜 최루탄에 맞아 의식 불명에 빠지자 국민들은 더욱 분노했어.
1987년 6월 10일, 전국 22개 도시에서 시위가 벌어졌고 수십만 명이 거리로 나왔어.
사람들은 독재 정권을 몰아내고, 국민들 손으로 대통령을 뽑는 민주 헌법을 만들자고 외쳤어.
국민들 힘으로 민주화를 이룬 이 사건을 6월민주항쟁이라고 해.

6월민주항쟁으로 얻어 낸 지금 우리 헌법

같은 해 10월, 대통령을 직접선거로 뽑는다는 내용에
국민 90퍼센트가 찬성하여 헌법을 고쳤어.
헌법은 1948년에 처음 만들어진 뒤로 독재 정권 입맛에 맞춰
여러 번 바뀌었어. 하지만 6월민주항쟁으로 수십 년 동안
이어진 독재 정치는 끝이 났고, 마침내 헌법도
제 모습을 찾아 국민의 권리를 보장하게 되었어.

헌법 제67조
대통령은 국민의 보통·평등·직접·비밀선거에 의하여 선출한다.

헌법 제70조
대통령의 임기는 5년으로 하며, 중임할 수 없다.

> 그해 12월에 치른 대통령 선거에서 전두환과 함께 군사 반란을 일으킨 노태우가 당선되었다는 점이 아쉬움으로 남아. 하지만 6월민주항쟁의 불씨는 여러 사회운동으로 옮겨 붙었고, 이때 많은 시민 단체가 만들어졌어.

역사 배경지식 쏙쏙

김수환 추기경과 명동성당

김수환 추기경은 한국 교회에서 처음으로 사회적 발언을 했어. 독재 정권을 공개 비판하고, 5·18민주화운동 추모 미사를 열기도 했어. 6월민주항쟁 때 명동성당으로 피한 시위대를 잡으러 온 경찰들에게 "경찰이 들어오면 맨 앞에 내가 있을 것이고, 그 뒤에 신부들, 그 뒤에 수녀들이 있을 것이오. 그리고 그 뒤에 학생들이 있을 것이오."라고 말하며 시위대를 지켰어. 1980년대 명동성당은 우리 사회 부조리를 밝히는 광장이었어.

주제로 보는 한국사 연표 : 6월민주항쟁

1976년	치안본부 대공분실 준공
1985년	김근태 의장 고문 사건 — 비밀 고문실의 실체가 세상에 알려짐
1987년	박종철 고문치사 사건
1987년	4·13호헌조치 — 전두환이 대통령 간선제를 유지하겠다는 내용을 발표함
1987년	김수환 추기경이 4·13호헌조치를 비판하는 부활절 담화 발표
1987년	천주교정의구현사제단이 박종철 고문치사 사건 축소·조작 의혹을 발표
1987년	이한열 열사, 최루탄에 맞아 의식 불명
1987년	6·10 민주항쟁
1987년	6·29선언 — 민주정의당 대표위원이자 대통령 후보인 노태우가 대통령 직선제 개헌안을 발표함
1987년	헌법 개정 국민투표 실시 — 대통령 직접선거로 헌법을 고침
1987년	제13대 대통령 선거 — 민주정의당 노태우 후보가 대통령으로 당선됨
1991년	대공분실이 경찰청 보안분실로 이름이 바뀜 — 2000년대 초반까지 조사실로 쓰임
2024년	남영동 대공분실, 민주화운동기념관으로 이름이 바뀜 — 민주주의의 소중함을 일깨우는 공간으로 바뀌어 2024년 개관 예정

함께 생각해요

• 남영동 대공분실은 이제 민주화운동을 기리는 공간으로 다시 문을 열 예정이에요. 이처럼 아픈 역사의 현장을 보존하는 까닭은 무엇 때문일까요?

7월 어린이어깨동무와 통일의 집
에서 그려 보는 한반도 평화

여기는 어디야?

우리나라와 북한은 1953년 7월에 정전협정을 맺고 6·25전쟁을 멈췄어.

그 뒤, 우리나라와 북한은 오랜 시간 교류가 없었어.

그러다 1970년대에 처음 교류를 시작하며

몇 차례 남북 정상회담이 이루어졌어.

하지만 정부 정책과 국제 분위기에 따라

우리나라와 북한의 관계는 화해와 대립을 오갔지.

어린이어깨동무와 통일의 집에 가서 남북 교류 역사를 살펴보고

한반도의 평화를 함께 생각해 보자.

어린이어깨동무

통일의 집

주소 서울특별시 종로구 성균관로10길 5(어린이어깨동무)
　　　서울특별시 강북구 인수봉로 251-38(통일의 집)
전화번호 02-743-7942(어린이어깨동무), 02-902-1623(통일의 집)

역사 달력

1953년 7월 27일　정전협정
1989년 3월 25일　문익환 목사 평양 방문
2000년 6월 15일　6·15남북공동선언

역사 인물

문익환(1918~1994)

문익환 선생은 목사이자 시인이면서, 민주화운동과
통일운동에 앞장선 분이야. 1989년, 남북 대화를 위해
김일성 주석의 초청을 받아들이고 평양에 방문했지.
열띤 통일운동으로 1992년 노벨평화상 후보에 오르기도 했어.

생생 역사 속으로

언젠가 어깨동무할 그날을 기다리며

어린이어깨동무는 한반도의 어린이들을 비롯해
동아시아 어린이들까지 모두 평화롭게 지내길 꿈꾸는 단체야.
그래서 북한 어린이들에게 영양과 의료, 교육을 지원하고 있어.
또, 서로가 다르다는 것을 이해하고, 함께 살아가는 미래를
준비할 수 있도록 '평화통일교육', '평화기행', '조선학교 지원' 같은
다양한 교육과 활동을 이어 가고 있어.

'평양 어깨동무어린이병원' 앞에서 찍은 사진이야.
이 병원은 어린이어깨동무가 지원해 지었어.

남녘과 북녘 어린이들이
모두 건강하게 자라나
어깨동무할 수 있기를 바라며
'어린이어깨동무'라는
이름을 붙였대.

남북 어린이 교류

어린이어깨동무는 아이들이 통일과 공존을
생각하고, 이해와 존중, 나눔과 돌봄을
실천하도록 평화 교육을 펼치고 있어.
그 가운데 하나로 남북 어린이들이
만날 수 있는 기회를 마련하고 있지.
대표 활동이 그림 교류야.
1998년부터 2005년까지 남북 어린이들이
그림을 통해 만남을 이어 왔어.
또, 2004년부터 2008년까지
모두 네 번에 걸쳐 남북 어린이들이
북한에서 직접 만나기도 했어.

평양에서 만난 남북 어린이들

어린이어깨동무 평화전시실

어린이어깨동무 평화전시실은 북한의 일상을 살펴보고
남북의 평화로운 공존을 체험할 수 있는 전시 공간이자 교육 공간이야.
북한의 다양한 먹을거리와 읽을거리, 생활용품 들을 볼 수 있어.
또, 남북 어린이들이 주고받은 그림 편지와 사진도 살펴볼 수 있지.

통일의 집

문익환 선생님은 우리나라의 민주화와 통일운동에 앞장섰던 분이야.
1980년대 노태우 정부가 통일운동을 탄압하고 북한과 대화를 단절하던 시절,
선생님은 북한 김일성 주석의 초청을 받아 평양에 방문했어.
바로 남북 사이 평화를 위해서였지. 선생님은 이 일로 감옥에 갇히기도 했어.
선생님이 돌아가신 뒤, 살던 집은 '통일의 집'이라는 박물관이 되었어.
이제, 이곳은 평화와 통일을 꿈꾸는 공간이 되어
선생님의 삶과 민주화운동 자료 들을 전시하고 있어.

어린이어깨동무에서 여기는 꼭 들러 봐! - '평화전시실'

북한 친구들과 우리들의 일상은 얼마만큼 다를까?
어린이어깨동무 평화전시실을 둘러보면
그 궁금증을 해결할 수 있어.
평화전시실의 자료들을 직접 살펴보면서
무엇이 다른지, 또 서로 닮은 점은 있는지
곰곰이 생각하는 시간을 가져 봐. 그러다 보면
북한에 사는 친구들도, 통일이라는 꿈도
멀게만 느껴지지 않을 거야.

> 북한에서는 볼펜과 샤프를 원주필과 수지연필이라고 불러. 분단이 된 채 오래 지내다 보니 쓰는 말에 차이가 생겼어. 그러나 북한 어린이들이 읽는 동화책은 우리들에게도 익숙한 이야기야.

북한 동화책과 과자, 학용품, 화장품

아직 끝나지 않은 전쟁, 정전협정

6·25전쟁이 치열하게 이어지던 가운데 1951년 7월 10일, 처음으로 휴전을 위한 회의가 시작되었어. 그러나 포로 문제를 비롯한 어려움 때문에 회의는 2년여 동안 이어졌지. 그러던 1953년 7월 27일, 마침내 판문점에서 국제연합군과 북한군, 중국군이 정전협정에 서명하며 전쟁은 멈추었어. 그러나 한반도는 협정을 맺은 지 70년이 넘는 지금까지 분단 상태가 이어지고 있어.

남북 평화 교류의 역사

국제 분위기, 정부 정책이나 체제에 따라 변화가 크지만 휴전 뒤부터 우리나라와 북한은 서로 교류하려고 애써 왔어. 정부와 민간에서 화해와 협력을 위한 노력을 꾸준히 해 오고 있지.

남북 정상들의 만남

6·15남북공동선언

2000년, 분단 뒤 처음으로 남북 정상이 만났어. 김대중 전 대통령과 김정일 전 국방위원장이 평양에서 만나 회담을 나눈 거야. 그리고 통일 방안과 남북이 교류할 방법을 담은 '6·15남북공동선언'을 발표했지. 곧 이산가족 방문, 경의선 철도 복구, 개성공단 건설처럼 경제 협력과 사회, 문화 교류가 이어졌어.

10·4남북정상선언

김대중 전 대통령이 비행기를 타고 평양에 갔다면 노무현 전 대통령은 2007년에 땅길로 평양에 갔어. 특히, 군사분계선을 걸어서 넘어갔지. 그리고 제2차 남북 정상회담을 통해, 남북 관계 발전과 평화 번영을 위한 '10·4남북정상선언'을 발표했어. 하지만 북한이 미사일 시험 발사와 핵 실험 같은 무력 도발을 하면서, 남북 관계는 다시 얼어붙고 말았어.

판문점 선언

그러던 2018년, 평창 동계 올림픽을 계기로 다시 화해와
협력 분위기가 만들어졌어. 그래서 문재인 전 대통령과
김정은 국무위원장이 판문점에서 만날 수 있었지.
이때 핵 없는 한반도, 남북 공동 연락 사무소 설치 들을 담은
'한반도의 평화와 번영, 통일을 위한 판문점 선언'을 발표했어.

남북 사람들의 만남과 교류

남북 이산가족 상봉

1985년, 이산가족 30여 가구가
3박 4일 동안 서울과 평양에서 만났어.
분단 뒤 처음이었지. 그 뒤로는
2000년이 되어서야 다시 만날 수 있었어.
이산가족은 2018년까지 모두
스물여덟 차례 직접 또는
화상으로 만났어.

남북 단일팀 '코리아'

1990년대 들어 남북 교류가 진전되면서
1991년 일본 지바 세계 탁구 선수권 대회와
포르투갈 세계 청소년 축구 대회에 남북 단일팀인
'코리아팀'이 처음으로 참가했어. 특히 탁구에서는
우리나라의 현정화, 북한의 리분희 선수가
한 팀으로 나가 여자 단체전 우승을 거머쥐어
온 나라에 큰 감동을 주었지.

최근에는 2018년 평창 동계 올림픽에서 여자 아이스하키 단일팀이 탄생했어.

금강산 관광과 소떼 방북

김대중 정부의 남북 화해 협력 정책인 '햇볕 정책'이 실시되면서
기업가 정주영은 1998년에 소떼를 몰고 북한을 방문했어.
두 번에 걸쳐, 소 1,001마리를 북한에 전달했지.
그리고 금강산 관광도 1998년에 시작되었어.
관광객이 모두 200만 명에 이를 정도로 활기를 띠었어.
하지만 2008년, 금강산 관광객이 북한군 총에 맞는 사건이
일어나면서 10여 년 동안 이어졌던 관광이 멈추게 되었어.

역사 배경지식 쑥쑥

정전협정을 평화협정으로!

정전협정은 전쟁을 잠시 멈춘다는 뜻이고, 평화협정은 전쟁을 완전히 끝내고 평화를 합의하는 거야. 평화를 약속하면 우리나라와 북한 사이에 닫힌 벽을 허물고 사람들이 자유롭게 오갈 수 있어. 길이 열리면 사람과 화물을 실은 열차가 북한 땅을 지나 저 멀리 중국, 러시아, 유럽까지 달릴 수 있겠지? 섬처럼 갇힌 나라가 아닌 세계로 뻗어 나가는 나라가 되는 거야. 또, 다른 나라 사람들도 땅길을 통해 우리나라에 자유롭게 올 수 있어. 이처럼 평화협정을 맺으면 모두에게 이로울 거야.

한반도기

주제로 보는 한국사 연표 : 한반도 평화

- 1972년 — 7·4남북공동 성명 발표: 남북이 처음으로 정치 교류를 시작하고 통일에 관해 합의한 성명
- 1972년 — 제1차 남북 적십자 본회담: 분단 이래 처음으로 이산가족 상봉에 대해 합의한 회담
- 1985년 — 첫 이산가족 상봉
- 1989년 — 문익환 목사 방북
- 1991년 — 남북 기본 합의서 채택: 남북 화해, 교류, 협력에 관한 내용이 담긴 합의서
- 2000년 — 6·15남북 공동선언
- 2003년 — 개성공단 건설
- 2007년 — 10·4남북 정상선언
- 2008년 — 금강산 관광객 피격 사망 사건
- 2010년 — 천안함 침몰 사건, 연평도 포격 사건
- 2016년 — 개성공단 폐쇄
- 2018년 — 평창 동계 올림픽 남북 단일팀 결성
- 2018년 — 판문점 선언

함께 생각해요

- 복수와 증오보다 화해와 평화가 더 중요한 까닭은 무엇일까요?

8월

남산에서 찾아보는 일제강점기의 아픔

여기는 어디야?

"남산 위에 저 소나무 철갑을 두른 듯……."

애국가 2절에도 나오는 남산.

일본은 일제강점기 동안 남산에서 식민 통치를 지휘했어.

남산 자락에 통감부, 통감관저, 군사 시설을 설치하고

일왕을 숭배하는 신사도 지었지.

민족의 아픔이 가득했던 그곳에

이제는 여러 기념비들과 기념관이 자리하고 있어.

일본에 나라를 빼앗긴 아픔을 잊지 않기 위해서야.

기억의 터

안중근의사기념관

주소 서울특별시 중구 퇴계로26가길 6(기억의 터)
서울특별시 중구 소월로 91(안중근의사기념관)
전화번호 02-3789-1016(안중근의사기념관)

역사 달력

1910년 8월 22일 한일 강제 병합 조약 체결
1910년 8월 29일 한일 강제 병합 조약 공포(경술국치일)
1991년 8월 14일 김학순 할머니 일본군 '위안부'
                피해 사실 공개 증언

역사 인물

김학순(1924~1997)

김학순 할머니는 일본군 '위안부' 피해 사실을
처음으로 증언한 분이야.
할머니가 용기 낸 덕분에 '위안부' 문제가
세상에 알려졌고, 역사에 기록으로 남을 수 있게 되었어.

생생 역사 속으로

민족의 아픔을 기억하는 길, 국치길

남산에는 일본이 우리나라를 식민 지배한
흔적들이 곳곳에 남아 있어.
그래서 서울시는 이 아픔을 잊지 않으려고
남산에 1.7킬로미터에 이르는
국치길을 만들었어.

> 국치길은 통감관저 터에서 시작해 일본군 '위안부' 피해자 기림비까지 이어지는 길이야. 함께 걸어 보자.

통감관저 터

일본은 남산에 통감부를 설치해
우리나라 정치와 군사를 장악했어.
그 우두머리가 바로 통감이었지.
통감관저는 통감이 살던 곳이야.
1910년 8월, 이곳 통감관저에서
'한일 강제 병합 조약'을 맺었어.

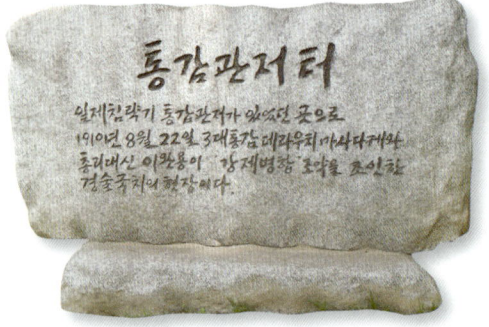

> 이곳에 '기억의 터'가 있어. 일본군 '위안부' 피해자 할머니들을 기억하기 위해 만든 곳이지. 피해자를 기리는 공간을 식민 지배가 시작된 곳에 만들어 더욱 뜻깊어.

거꾸로 세운 대리석

통감관저 터 둘레를 보면,
대리석 세 면이 거꾸로 서 있어.
우리나라 침략에 앞장선
하야시 곤스케라는
일본 공사의 동상을
떠받치고 있던 대리석이지.
아픈 역사를 잊지 않겠다는
뜻으로 거꾸로 세운 거야.

1936년과 지금의 모습

조선 신궁 배전 터

일제는 우리 민족의 정기를 끊으려고 남산에 조선 신궁을 세우고
강제로 일본 왕에게 참배하게 했어. 광복을 맞은 뒤, 조선 신궁은 철거되었고
지금은 신궁의 중심 건물이었던 배전 터만 남아 있어.

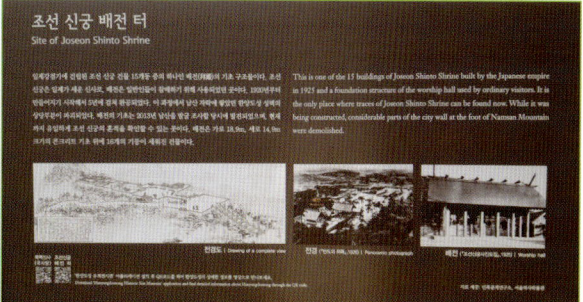

오늘날, 조선 신궁이 있던 자리에는 안중근의사기념관과 백범 광장이 있어. 독립운동가를 기리는 장소로 다시 태어난 거야.

민족의 영웅을 기리는 곳, 안중근의사기념관

안중근 의사는 1909년, 중국 하얼빈 기차역에서 이토 히로부미를 쓰러뜨린
우리 민족의 영웅이야. 안중근의사기념관은 그분의 발자취를 기리기 위해 세운 곳이지.
이곳에서 안중근 의사의 출생부터 순국에 이르기까지 삶을 살펴볼 수 있어.

안중근 의사 좌상

기념관 내부 모습

남산에서 여기는 꼭 들러 봐!
- 일본군 '위안부' 피해자 기림비

남산도서관 앞에는 할머니가 두 손을 맞잡은 채
세 소녀를 바라보는 동상이 있어.
바로 일본군 '위안부' 피해자 기림비야.
동상의 주인공은 김학순 할머니와
일본군 '위안부'로 강제로 끌려간 한국, 중국, 필리핀 소녀들이지.
세 소녀는 어두운 역사를 함께 이겨 나가자는 듯이
서로 손을 잡고 있어.
할머니가 이들을 바라보는 모습은
과거와 현재가 이어져 있다는 것을 뜻해.
기림비에 들러 마음을 나누고
다시는 이런 일이 되풀이되지 않도록
함께 역사를 기억하면 좋겠어.

> 기림비 앞에 있는 앉음돌 다섯 개는 김학순 할머니가 거쳐 온 장소와 시간을 뜻해. 각각 할머니가 태어난 중국 지린성, 어릴적 살던 평양, '위안부' 피해를 당한 베이징, 도망친 뒤 살던 상하이, 광복을 맞은 뒤 돌아온 서울을 가리켜.

기림비는 조선 신궁이 있던 자리에 세워졌어.
소녀들 사이에 있는 빈자리는 우리들이 함께 손잡고 설 자리라고 해.

한반도에 드리운 일본의 그림자

대한제국을 서로 차지하고 싶었던 일본과 러시아는 전쟁을 벌였고, 여기서 이긴 일본은 미국과 영국에게 대한제국을 지배할 권리를 인정받았어. 그 뒤 일본은 대한제국과 강제로 을사늑약을 맺어서 외교권을 뺏고, 통감부를 설치해 나랏일을 마음대로 하기 시작했어. 고종 황제는 을사늑약을 되돌리려고 헤이그로 특사를 보냈지만 안타깝게도 실패하고 말았어.

우리나라의 억울함을 온 세계에 알리게. 그대들만 믿소.

막을 내린 대한제국, 일제강점기의 시작

일본은 헤이그 특사를 문제 삼아 고종을 황제 자리에서 강제로 끌어내렸어. 또, 대한제국의 군대를 해산시키고 사법권, 행정권 같은 국권을 빼앗았지. 결국 1910년 8월 22일, 대한제국과 일본은 우리나라를 일본의 식민지로 만드는 한일 강제 병합 조약을 맺었어. 그리고 29일에 이를 공포하며 일제강점기가 시작되었지. 이날을 '경술년에 나라가 치욕을 당한 날'이라 하여 '경술국치일'이라고 불러.

이완용

한일 강제 병합 조약에 도장을 찍은 사람은 친일파 이완용이었어. 순종 황제는 끝까지 반대했지만 이완용은 자기가 황제를 대신한다는 위임장을 강제로 받아 냈고 나라를 팔아넘기는 조약에 도장을 쾅 찍었지.

빼앗긴 땅, 빼앗긴 삶

일본은 자기 땅을 넓히기 위해 끊임없이 전쟁을 일으켰어.
그러는 동안, 우리나라의 자원을 마구잡이로 가져다 쓰고
사람들을 공사장, 공장, 군대로 끌고 가서 보상 없이 일만 시켰지.
또, 어린 여성들을 거짓말로 속이거나 납치해서 전쟁터로 보냈어.
그리고 이들은 일본군 '위안부'로 끔찍한 일을 당했어.
우리는 그 여성들을 일본군 '위안부' 피해자라고 불러.

반백 년 만에 드러난 진실

이 사실은 우리나라가 광복한 뒤로도 아주 오랫동안
세상에 알려지지 않았어. 그러다 1991년 8월 14일,
김학순 할머니가 우리나라에서 처음으로
일본군 '위안부' 피해 사실을 공개적으로 밝혔어.
할머니의 용기에 우리나라뿐 아니라 아시아 곳곳의
여성들이 피해 사실을 증언하기 시작했어.
그리고 우리나라에만 적어도 240명의
피해자가 있다는 것이 밝혀졌지.
아직 밝혀지지 않은 전 세계 일본군 '위안부' 피해자를
다 합치면 수십만 명은 될 거라고 해.

일본이 '위안부' 피해자가 없다고 말한 걸 보고 내가 결심을 단단하게 했어요. 내가 바로 살아 있는 증거입니다.

영원히 잊지 않기 위해

일본 정부는 몇 번이나 말을 바꾸면서
일본군 '위안부' 문제를 공식적으로 인정하지 않고 있어.
지난 2018년, 우리나라 정부는
김학순 할머니가 '위안부' 문제를 세상에 알린
8월 14일을 일본군 '위안부' 피해자 기림의 날로 정했어.
이날은 피해자들의 존엄과 명예를 되찾고
기리기 위해서, 무엇보다 이 아픈 역사를
잊지 않기 위해서 만든 날이야.

우리가 가장 두려워하는 것은 잊히는 것이다. 우리가 강요에 못 이겨 당했던 그 일을 반드시 역사에 남겨 둬야 한다.

김복동 할머니와 '평화의 소녀상'

역사 배경지식 쑥쑥

평화의 역사를 만들기 위한 '수요 시위'

수요일이면 비가 오나 눈이 오나 서울특별시 종로구 일본대사관 앞에서 시위가 열려. 일본군 '위안부' 문제에 대한 일본 정부의 공식 사과를 받고, 잘못된 역사를 바로 세우기 위해 할머니들과 시민들이 삼십여 년째 수요 시위를 이어 가고 있어. 시위는 1992년에 미야자와 전 일본 총리가 한국을 방문한 것을 계기로 시작했어. 지금까지 무려 1,600회를 넘어섰지. 평화의 역사를 만들기 위한 이 시위에 남녀노소 가리지 않고 많은 시민들이 참여하고 있어.

제1,000차 정기 수요 시위 모습

주제로 보는 한국사 연표 : 경술국치, 일본군 '위안부'

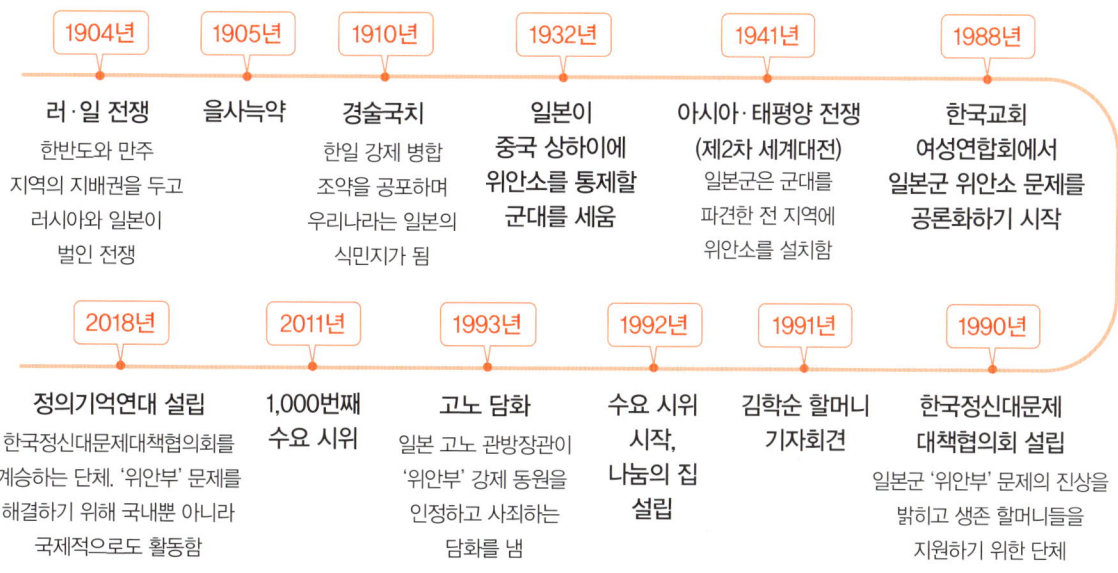

1904년 러·일 전쟁 — 한반도와 만주 지역의 지배권을 두고 러시아와 일본이 벌인 전쟁

1905년 을사늑약

1910년 경술국치 — 한일 강제 병합 조약을 공포하며 우리나라는 일본의 식민지가 됨

1932년 일본이 중국 상하이에 위안소를 통제할 군대를 세움

1941년 아시아·태평양 전쟁 (제2차 세계대전) — 일본군은 군대를 파견한 전 지역에 위안소를 설치함

1988년 한국교회여성연합회에서 일본군 위안소 문제를 공론화하기 시작

1990년 한국정신대문제대책협의회 설립 — 일본군 '위안부' 문제의 진상을 밝히고 생존 할머니들을 지원하기 위한 단체

1991년 김학순 할머니 기자회견

1992년 수요 시위 시작, 나눔의 집 설립

1993년 고노 담화 — 일본 고노 관방장관이 '위안부' 강제 동원을 인정하고 사죄하는 담화를 냄

2011년 1,000번째 수요 시위

2018년 정의기억연대 설립 — 한국정신대문제대책협의회를 계승하는 단체. '위안부' 문제를 해결하기 위해 국내뿐 아니라 국제적으로도 활동함

함께 생각해요

- 올바른 진실을 밝히는 일은 때로 큰 어려움과 부딪히기도 해요. 그럼에도 포기하지 않는 것이 왜 중요할까요?

9월 민주생활전시관에서 만나는 우리나라 민주주의 역사

여기는 어디야?

민주주의가 무엇인지, 우리 생활에서

민주주의가 왜 중요한지 알려 주는 곳이 있어.

바로 민주화운동기념사업회에 있는

민주생활전시관이야.

지금 우리가 누리고 있는 민주주의를 위해

수많은 사람들이 노력하고 희생했어.

힘들게 이룬 만큼 그 소중함을 쉽게 잊어선 안 되겠지?

이곳을 함께 둘러보며 우리 생활 속

민주주의에 대해서 더 깊이 알아보자!

주소 경기도 의왕시 내손순환로 132
전화번호 031-361-9500

역사 달력

2007년 9월 15일 세계 민주주의의 날 제정

역사 인물

진영숙(1946~1960)

진영숙 열사는 한성여자중학교 2학년 때,
4·19혁명에 나갔어. 그러다 목숨을 잃고 말았지.
어린 나이였지만, 민주주의를 지켜 내려고
독재 권력에 용기 있게 맞섰어.

생생 역사 속으로

일상에 깃든 민주주의를 살펴보는 전시관

민주생활전시관은 민주화운동기념사업회 건물 안에 있어. 이곳에서 우리 생활에 깃든 민주주의와 우리나라 민주화운동 100년 역사를 한눈에 살펴볼 수 있지. 민주주의에 꼭 필요한 가치인 자유와 평등, 인권을 중심으로 전시관을 둘러보자!

자유: 간섭받거나 얽매이지 않고 생각하고 표현할 수 있는 것

행동할 자유 - 그레타 툰베리

그레타 툰베리는 기후 위기 심각성을 알리기 위해 '미래를 위한 금요일'이라는 등교 거부 시위를 시작했고, 전 세계 학생들이 함께했어. 이렇듯 민주주의 사회에서는 스스로 결정하여 행동하고 변화를 만들어 낼 자유가 있어. 어린이와 청소년이라고 다르지 않아.

전시관에 들어서면 사회에서 당당하게 행동하고 변화를 만든 사람들 이야기를 살펴볼 수 있어.

평등 : 권리나 의무 같은 것이 모든 사람한테 똑같은 것

동등한 가치

같은 일터에서 같은 옷을 입고 같은 일을 하지만, 다른 월급과 다른 대우를 받는 사람들이 있어. 한 사람은 정규직이고 다른 한 사람은 비정규직이기 때문이지. 때론 성별과 나이 때문에 일터에서 차별받거나 일할 기회조차 얻지 못하기도 해. 이처럼 살아가면서 부당한 현실 상황과 마주해도 우리는 모두 동등한 가치를 지닌 평등한 존재라는 사실을 잊어서는 안 돼.

공평한 교육

장애가 있는 학생도, 대안 학교를 다니고 싶은 학생도 모두 질 좋은 교육을 받을 권리가 있어. 하지만 아직도 장애인 학교 수는 턱없이 모자라고 새로 짓기도 쉽지 않아. 대안 학교는 학력을 인정받기 어렵지. 공평하고 다양한 교육 기회는 민주주의 사회의 출발선이야.

인권 : 사람이 사람답게 살 권리

온 세상 모두의 행복을 위해서

모든 사람은 인종, 성별, 성 정체성, 성적 지향에 상관없이 차별받지 않고 행복하게 살 권리가 있어. 또, 장애가 있어도 돈이 많지 않아도 존엄하게 살 권리가 있지. 그러기 위해서 우리는 우리나라뿐 아니라 다른 나라 사람들의 인권을 지키는 일에도 관심을 기울이고 힘을 모아야 해.

전시 끝에는 '내가 생각하는 민주주의' 포스터를 만들고, 인쇄할 수 있는 체험 공간이 있어. 다른 관람객들의 생각도 살펴봐!

민주생활전시관에서 여기는 꼭 들러 봐! - 1관 '나는 자유다'

1970~1980년대는 '표현의 자유'를 억압하던 때였어.
정부가 어떤 노래를 금지곡으로 정하면
누구도 그 노래를 듣거나 부를 수 없었어.
또, 방송과 신문도 늘 정부 입맛대로 가위질 당했지.
이처럼 표현의 자유를 얻는 일은 쉽지 않았어.

> 가수 정태춘, 박은옥 부부는 정부가 가요를 검열하는 제도를 없애는 데 앞장섰어. 긴 노력 끝에 가요 검열제는 1996년에 사라졌어.

민주주의 사회에서는 누구나 자유롭게 노래를 듣고 부를 수 있어.
언론인은 권력의 눈치를 보지 않고 보도할 수 있고
시민들도 보고 싶은 뉴스를 마음대로 골라 볼 수 있지.
1관 '나는 자유다'의 전시 공간을 둘러보며
자유의 소중함을 다시 생각해 보면 좋겠어.

그 당시 금지곡들을 직접 들어볼 수 있어.

'세계 민주주의의 날'이 생긴 까닭

2007년, 국제연합(UN)은 9월 15일을 세계 민주주의의 날로 정했어. 세계 곳곳에는 여전히 민주주의를 억누르는 나라가 많기 때문이야. 그래서 민주주의의 참뜻을 되새기고 바람직한 미래에 대해 고민해 볼 수 있는 날을 만들었어.

'민주'라는 낱말을 풀어 보면 '民(백성 민), 主(주인 주)'로 국민이 주인이란 말이야. 따라서 민주주의란 국민이 나라의 주인으로서 나라의 중요한 일을 결정하고, 국민을 위한 정치를 하는 것을 뜻해.

9월 15일에 맞춰 펼치는 민주화 시위

세계 민주주의의 날은 오늘날 미얀마처럼 군인들이 총칼로 국민을 억누르는 나라에서 더 큰 의미가 있어. 이날에는 민주주의를 요구하는 공식적인 행사를 열 수 있거든. 그래서 해마다 9월 15일이 되면 세계 여러 지역에서 민주주의를 요구하는 대규모 시위가 일어나. 지난 2019년에는 홍콩에서, 2021년에는 미얀마에서 민주화를 외치는 시위가 열렸어.

독재 사회가 되면 권력을 가진 사람들만 잘살게 되고, 일반 시민들의 삶은 더욱 고달파져.

만약 민주주의가 사라진다면?

한 나라의 지도자가 국민을 위한 정치를 하지 않고 권력을 차지하는 사회를 '독재 사회'라고 해. 독재 사회에서는 권력을 잡은 무리가 시민의 생각과 행동을 통제하고 억압해. 이를테면, 정부가 시민들이 인터넷에 접속하는 걸 통제하거나 읽으면 안 되는 책을 정하는 거야.

우리 생활 속 민주주의

민주주의는 멀리 있지 않아. 가족여행을 어디로 갈지, 교실에서 짝꿍을 어떻게 정할지처럼 생활 속 문제를 함께 의논하고 정하는 것이 바로 민주주의거든. 옛날에는 왕이나 신분 높은 사람만 중요한 결정을 내렸다면 민주주의 사회에서는 누구나 자유롭고 평등하게 정치에 참여해.

학생들이 직접 만든 '꿈을 담은 교문'

서울삼양초등학교 교문은 어른들이 세운 교문이 아닌 학생들이 4년 동안 민주적인 과정을 거치며 만든 교문이야. 예전 교문은 입구가 좁아서 학생들이 많은 불편을 겪었어. 그래서 교문을 바꾸기로 했고, 학교 상징과 학생들이 즐겨 쓰는 학용품을 조사해서 교문을 디자인했지. 그 결과, 삼각산을 닮은 연필 모양에 전교생의 꿈을 새겨 넣은 교문이 세워졌어.

민주 사회에 꼭 필요한 권리

생명권과 안전권
모든 시민은 사건, 사고, 재해, 범죄처럼 안전을 위협하는 모든 것에서 보호받을 권리가 있어.

환경권
모든 시민은 쾌적한 환경에서 건강한 삶을 누릴 권리가 있어.

주거권
모든 시민은 쾌적하고 안전한 집에 살 권리가 있어.

문화권
모든 사람은 성별, 나이, 장애와 관계없이 최소한의 문화생활을 누릴 권리가 있어.

동물권
우리와 함께 지구에 살아가는 동물 역시 생명의 권리를 지니며, 고통을 피하고 학대받지 않을 권리가 있어.

역사 배경지식 쏙쏙

'자유롭고 안전하게 이동할 권리'를 모두에게!

2001년 1월, 지하철역 휠체어리프트가 추락하면서 70대 장애인이 숨진 참사가 일어났어. 이를 계기로 전국장애인차별철폐연대는 '모든 지하철역에 승강기를 설치'하고 '시내버스는 모두 저상버스로 바꿔'라고 목소리를 내고 있어. 지금 서울 지하철역 90퍼센트에 승강기가 설치되었지만, 휠체어가 오르내릴 수 있는 시내버스나 고속버스는 턱없이 부족해. 민주주의 사회에서 모든 시민이 당연히 누려야 할, 자유롭고 안전하게 이동할 권리가 장애인들에게는 아직 머나먼 이야기야. 이 문제를 꼭 우리 모두의 일로 여기고 깊은 관심을 가져야 해.

주제로 보는 한국사 연표 : 우리나라 민주주의

1919년	1919년	1926년	1929년	1948년	1948년
3·1운동	대한민국 임시정부 수립	6·10만세운동	광주학생 항일운동	대한민국 제헌헌법 공포	대한민국 정부 수립

2017년	2016년	2000년	1987년	1980년	1960년
박근혜 대통령 파면	박근혜 대통령 퇴진 요구 시위	6·15 남북공동선언	6월민주항쟁	5·18민주화운동	4·19혁명

함께 생각해요

• 아주 작은 일이라도 괜찮아요. 우리 일상생활 속에서 잘못되었다고 생각하거나, 바꾸고 싶은 문제가 있나요?

10월

독도체험관에서 살펴보는 독도의 역사

여기는 어디야?

우리나라 동쪽 끝, 독도.

독도에 직접 가지 않더라도 독도의 역사를 배우고

독도 자연을 만날 수 있는 곳이 있어.

바로 서울특별시 영등포구에 있는 독도체험관이야.

독도에 대한 영토 주권을 튼튼하게 하고

시민들에게 올바른 정보와 인식을 전하기 위해

2012년에 문을 열었어.

주소 서울특별시 영등포구 영중로 15 타임스퀘어 지하 2층
전화번호 02-2068-6101

역사 달력

1900년 10월 25일 독도가 우리 땅임을 밝히는
                 '대한제국 칙령 제41호' 공포
1953년 4월 20일 독도의용수비대 창립
2000년 10월 25일 독도의 날 제정

역사 인물

홍순칠(1929~1986)

광복 바로 다음, 우리나라는 독도를 지키는 일에 힘쓸 겨를이 없었어.
그 틈을 타 일본이 자꾸만 침입했지. 그래서 1953년, 홍순칠 대장은
울릉도 청년들과 함께 독도의용수비대를 만들었어.
그리고 3년 8개월 동안 독도와 둘레 바다를 지켰어.

생생 역사 속으로

독도에 대한 올바른 정보를 널리 알리는 곳

독도체험관은 어린이와 청소년들에게 독도에 대한 올바른 정보와 인식을 전하는 전시관이야. 공간을 크게 네 개로 나누고, 독도의 역사, 자연 그리고 현재와 미래를 주제로 전시실을 꾸며 놓았어.

독도의 역사

이곳에선 삼국 시대부터 광복 뒤까지 1,500년이 넘는 독도 역사를 다루고 있어. 우리 옛 문서뿐 아니라 일본 문서나 지도에서 독도가 우리 땅이라고 밝힌 기록들을 살펴볼 수 있어.

삼국 시대와 조선 시대

《삼국사기》에는 신라 지증왕 때 이사부 장군이 우산국(울릉도에 있던 나라)을 정복하여 신라 땅에 포함시켰다는 기록이 있어. 조선 숙종 때, 안용복은 일본 막부*와 담판을 지어 울릉도와 독도는 일본 땅이 아니라는 문서를 받아 냈어.

* 막부: 무인 계급을 중심으로 한 일본의 무사 정권.

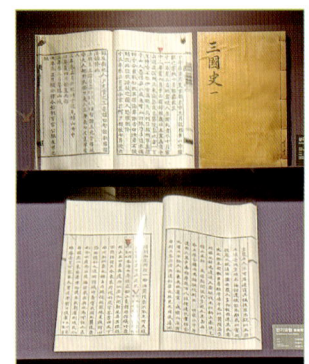
신라의 우산국 정복

안용복의 일본 여정

대한제국

1900년 10월 25일, 대한제국 황제 고종은 '칙령 제41호'를 공포했어. 울도(울릉도) 군수가 석도(독도)를 관리한다는 내용이었어. 독도가 울릉도에 속하는 우리 땅임을 법적으로 뚜렷이 밝힌 거야. 그러나 1905년, 일본은 러시아와 전쟁한다는 핑계로 독도를 일본 땅에 포함시켰어.

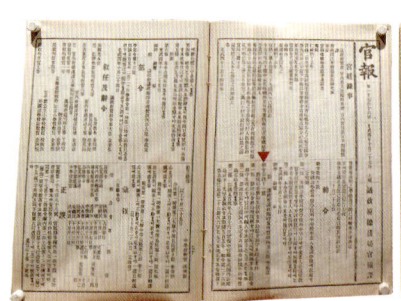
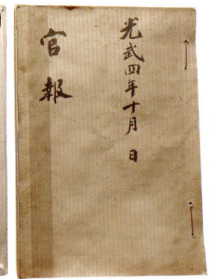
대한제국 칙령 제41호

광복 뒤

1945년, 광복을 맞아 독도는 다시 우리 영토가 되었어.
하지만 일본은 과거에 대한 반성과 사과도 하지 않고
계속 독도를 탐냈지. 독도에 있는 우리 어부들의
위령비를 부수고 독도가 일본 땅이라고 표시하는
불법 행위들을 저질렀어. 6·25전쟁으로 한반도가
어수선할 때는 독도에 침입하기까지 했어.

독도의 자연

이곳에선 독도의 사계절과 둘레 바다, 생태 정보 들을 알 수 있어.
전시 공간에 들어서면 커다란 독도 모형이 눈길을 사로잡아.
큰 섬 두 개(동도와 서도)와 작은 바위섬들로 이루어진 독도를 그대로 본떠 놓은 거야.

독도의 현재와 미래

'독도의 현재'는 삶의 터전인 독도 모습과
관리 현황 들을 영상과 자료로 꾸며 놓았어.
'독도의 미래'에서는 디지털 학습 도구로
다양한 독도 이야기를 살펴볼 수 있어.

독도체험관에서 여기는 꼭 들러 봐!
- '독도는 지금'

방문 콕콕

'독도의 자연' 전시 공간에서 특별한 전시물을 볼 수 있어.
바로 '독도는 지금'이라는 전시물이야.
독도의 동도에서 바라본 서도 모습을 큰 화면으로 보여 주지.
녹화한 영상을 틀어 주는 게 아니라
독도의 지금 모습을 실시간으로 보여 주는 거야.
그래서 멀리 떨어져 있어 가기 힘든 독도의 모습을
생생하게 구경할 수 있어.

우리 땅 독도의 생생한 모습을 만나 봐!

일본은 왜 독도를 자기네 땅이라고 할까?

지금까지도 일본은 독도가 자기네 땅이라는 억지 주장을 하고 있어. 2012년부터는 일본 초등학교와 중학교, 고등학교 사회 교과서에서 독도를 일본 땅이라 가르치고 있지. 왜 이렇게 독도를 탐내는 걸까?

① 독도 둘레 바다가 황금 어장이기 때문이야. 따뜻한 난류와 차가운 한류가 만나는 곳으로 플랑크톤이 풍부해. 그래서 해산물이 많아.

② 독도 둘레 바다에 '메탄 하이드레이트'라는 자원이 많기 때문이야. 석유가 떨어지면 대체 에너지로 쓸 수 있을 만큼 중요한 자원이지.

③ 독도가 동해의 중요한 길목이기 때문이야. 동해는 우리나라, 북한, 러시아, 일본이 함께 써서 군사적으로 민감한 바닷길이거든.

지도로 보는 우리 땅, 독도

독도가 우리 땅인 까닭은 수도 없이 많아. 우리나라와 일본의 옛 지도를 봐도, 광복 뒤 문서를 봐도 독도는 우리 땅이야.

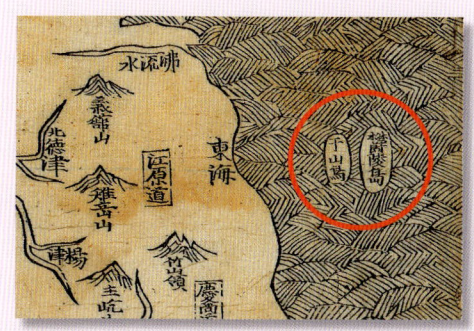

《신증동국여지승람》 '팔도총도'(1530)
우리나라 옛 지도 가운데 독도가 그려진 가장 오래된 지도야.
동해에 울릉도와 우산도(독도)가 그려져 있어.

'삼국접양지도'(1785)
일본 지리학자 하야시 시헤이가 그린 지도야.
동해 한가운데 섬이 두 개 있는데 '조선의 것'이라 적고 노란색을 칠했어. 노란색은 조선 땅이라는 뜻이야.

'연합국 최고사령관 각서 제677호'(1946)
제2차 세계대전이 끝난 뒤 연합국 최고사령관이 만든 지도에서 우리 땅 경계 안쪽에 울릉도와 독도가 있는 걸 볼 수 있어.

독도를 지키는 사람들

최종덕 씨는 우리나라에서 처음으로 주소를 독도로 옮기고 살았어. 돌아가시기 전까지 독도가 우리 땅이라는 것을 알리고자 애썼지. 김성도, 김신열 씨 부부도 스무 해 넘게 독도에 살면서 독도 지킴이 역할을 했어. 등대 관리원, 공무원들도 독도에서 지내고 있지. 또, 독도경비대가 1954년부터 든든하게 독도를 지키고 있어.

일본은 독도를 분쟁 지역으로 만들려고 해. 그래야 전 세계로부터 관심을 받아 독도가 자기네 땅이라 우길 기회가 생기기 때문이지. 그러나 독도는 분명한 우리 땅이야.

독도는 그저 작은 섬이 아니야

2006년, 당시 일본 총리이던 고이즈미 준이치로가 독도 역사를 왜곡하자 노무현 전 대통령은 특별담화문을 발표했어. 이 연설은 우리한테 독도가 어떤 의미인지를 잘 담고 있어.

지금 일본이 독도에 대한 권리를 주장하는 것은 (줄임) 한국의 완전한 해방과 독립을 부정하는 행위입니다. (줄임) 우리에게 독도는 단순히 조그만 섬에 대한 영유권 문제가 아니라, 일본과의 관계에서 잘못된 역사의 청산과 완전한 주권 확립을 상징하는 문제입니다.

노무현 전 대통령

역사 배경지식 쑥쑥

독도는 우리 땅, 우리 땅!

'독도는 우리 땅'이라는 노래를 모두 한번쯤 들어 봤을 거야.
이 노래는 1982년에 처음 나왔는데, 세월이 흐르면서 노랫말이 조금씩 바뀌었다고 해.
첫 노랫말과 요즘 노랫말을 견주어 보며 어떤 게 바뀌었는지 살펴볼까?

'독도는 우리 땅'(1982)

1. 울릉도 동남쪽 뱃길 따라 200리
외로운 섬 하나 새들의 고향
그 누가 아무리 자기네 땅이라고
우겨도 독도는 우리 땅

2. 경상북도 울릉군 남면 도동 1번지
동경 132 북위 37
평균기온 12도 강수량은 1300
독도는 우리 땅 (3,4,5절 생략)

'독도는 우리 땅'(2017)

1. 울릉도 동남쪽 뱃길따라 87케이
외로운 섬 하나 새들의 고향
그 누가 아무리 자기네 땅이라고
우겨도 독도는 우리 땅

2. 경상북도 울릉군 울릉읍 독도리
동경 132 북위 37
평균기온 13도 강수량은 1800
독도는 우리 땅 (3,4,5절 생략)

 주제로 보는 한국사 연표 : 독도

- **512년** 신라 우산국 정복
- **1454년** 《세종실록》〈지리지〉 울릉도와 독도가 강원도 삼척도호부 울진현에 속한 섬이라고 기록함
- **1693년** 안용복의 담판 일본 막부에게 울릉도와 독도가 조선 땅이라는 문서를 받음
- **1900년** 칙령 제41호 공포 울릉도 이름을 울도로 바꾸고, 독도를 울도에 넣어 우리 땅임을 밝힘
- **1905년** 독도 강탈 일본이 독도를 '다케시마'라 부르고 일본 땅이 됨
- **1946년** 다시 우리 땅이 된 독도 연합국 최고사령부가 일본 통치권에서 독도를 제외시킴
- **1952년** 평화선 발표 대한민국 영토에 독도를 포함시킨 '평화선' 발표
- **1953년** 독도의용수비대 창설
- **1999년** '독도 천연보호구역'으로 문화재 이름 바뀜
- **2006년** 노무현 전 대통령 '한일관계에 대한 대통령 특별담화문' 발표

 함께 생각해요

- 독도를 제대로 알고 역사를 바르게 기억하는 일이 왜 중요할까요?

11월 전태일기념관에서 만나는 '아름다운 청년' 전태일

여기는 어디야?

서울특별시 동대문구 평화 시장에는
옷을 만들고 파는 공장이나 가게가 몰려 있어.
평화 시장 앞에 있는 청계천을 따라 걷다 보면
전태일 동상과 전태일기념관을 볼 수 있지.
왜 여기에 전태일 열사를 기리는 곳이 있을까?
왜 전태일을 '아름다운 청년'이라 부를까?
전태일 열사가 어떤 사람이었는지
함께 만나러 떠나 보자!

 주소 서울특별시 종로구 청계천로 105
전화번호 02-318-0903

역사 달력

1970년 11월 13일 전태일 열사 분신 항거

역사 인물

이소선(1929~2011)
이소선 여사는 전태일 열사의 어머니야.
전태일 열사가 세상을 떠난 뒤, 아들이 꿈꾸던
세상을 만들려고 40년 세월을 노동운동가,
민주화운동가로 살았어.

생생 역사 속으로

'아름다운 청년'과 그의 꿈을 기억하는 전태일기념관

전태일기념관은 노동자들의 인권과 삶을 위해 몸과 마음을 다한 전태일 열사를 기리는 곳이야. 네 가지 주제로 꾸며 놓은 상설전시실에서 전태일 열사의 뜨거운 삶과 생생히 마주할 수 있어.

기념관으로 가는 길에 전태일 동상이 있어.

전태일의 어린 시절

전태일은 집안 형편이 어려워서 어릴 때부터 구두닦이 같은 일을 했어. 그러다 열일곱 살 때 평화 시장 봉제 공장에서 일하게 되었어.

가난 속에서도 꿈이 많았던 그의 어린 시절을 만날 수 있어.

전태일의 눈-풀빵을 건네던 따뜻한 마음

봉제 공장에서 온갖 허드렛일을 하는 시다*들은 주로 열다섯 살에서 열여덟 살 사이 어린 여성이었어. 햇빛도 들지 않는 골방에서 밤낮없이 일했지.
재단사가 된 전태일은 어린 시다들을 일찍 집에 보내고 밤늦게까지 대신 일하기도 했어. 또, 출퇴근 버스비로 풀빵을 사서 쫄쫄 굶은 채로 일하는 시다들한테 나눠 주기도 했어.

* 시다: 견습생, 보조를 뜻하는 속된 말.

전태일은 버스비로 풀빵을 사 주고, 몇 시간을 걸어서 집으로 돌아가곤 했어.

평화 시장에서 동료 시다들과 찍은 사진이야. 화살표가 전태일이야.

전태일의 실천 - 1960년대 봉제 공장의 비참한 현실

1960년대 우리나라는 온 국민이 열심히 일했지만 일터 환경은 몹시 위험하고 열악했어. 봉제 공장 시다들은 하루 열여섯 시간씩 일했고 잠 깨는 약을 먹으며 며칠씩 밤샘 작업을 하기도 했어. 아프거나 다치면 병원은커녕 공장에서 쫓겨나기 일쑤였지. 그러나 하루치 임금으로 커피 한 잔 값도 안 되는 50원밖에 못 받았어. 전태일은 이 문제를 해결하려고 '바보회'를 만들고, 노동청에 진정서도 보내며 여러 노력을 했어.

> 좁은 작업장은 두 층으로 되어 있어서 허리도 펼 수 없었지. 여덟 평 좁은 공간에서 노동자 서른 명이 일했어.

전태일의 꿈 - 아들이 꿈꾸던 세상을 만들기 위해

전태일은 숨을 거두기 전, 어머니에게 자기 꿈을 대신 이루어 달라 부탁했어. 그렇게 이소선 여사는 '노동자들의 어머니'가 되었어. 이소선 여사는 노동자들과 함께 투쟁 현장에 나가 싸웠고, 헌 옷을 판 돈으로 가난한 노동운동가를 돌봤어.

전태일기념관에서 여기는 꼭 들러 봐! - '다락방 속 하루'

전태일기념관에서 그 당시 일터 모습을
생생하게 볼 수 있어. 전태일 열사가 일했던
봉제 공장의 실제 모습을 전시실 안에 만들어 뒀거든.
여기서 일하던 사람들은 1.5미터도 안 되는
낮은 천장 때문에 허리를 펴고 일어설 수도 없었고,
비좁은 공간과 많은 먼지 때문에
여러 가지 질병에 시달리기도 했어.
바로 이런 현실을 바꾸기 위해 전태일 열사가 일어섰던 거야.
1960~1970년대 우리나라의 일터 현장을 직접 둘러보며
누구나 인간답게 일하고 행복하게 살길 바랐던
전태일 열사의 꿈을 함께 떠올려 보자.

이렇게 좁은 곳에서
하루 종일 일했다니······.
얼마나 힘들었을까?

근로기준법이 있다고?

전태일은 우리나라 법에 일하는 사람을 보호하는 '근로기준법'이
이미 있다는 것을 아버지한테서 듣고 큰 충격을 받아.
동시에 노동자들이 겪는 문제를 해결할 수 있다는
희망도 가지게 되었어.

어린 시다들에게
하루 열 시간 넘도록
일을 시킨 건 엄연히
근로기준법을 어기는
짓이었어.

근로기준법

제1조(목적) 헌법에 따라 근로조건의 기준을 정함으로써 근로자의 기본적인 생활을 보장, 향상시키며 균형 있는 국민경제의 발전을 꾀하는 것을 목적으로 한다.

제64조 1. 15세 미만인 사람은 근로자로 사용하지 못한다. 다만, 대통령령으로 정하는 기준에 따라 고용노동부 장관이 발급한 취직인허증을 지닌 자는 근로자로 사용할 수 있다.

제69조 15세 이상 18세 미만인 사람의 근로시간은 1일에 7시간, 1주일에 35시간을 초과하지 못한다.

바보가 되지 않기 위해 만든 모임 '바보회'

1969년, 전태일은 일하기 더 나은 조건을 만들기 위해서 동료 재단사들과 함께
'바보회' 모임을 꾸려 근로기준법을 공부하고, 다른 노동자들에게 알려 주었어.
이 일로 일터에서 쫓겨나고 다른 곳에 취직하기도 어려워졌지.
1970년, 전태일은 '삼동친목회'를 만들어 평화 시장 노동자들이 어떤 환경에서
일하는지 알아보는 설문조사를 했어. 그 결과를 가지고 시청, 노동청, 방송국,
신문사를 찾아다니며 봉제 공장이 얼마나 열악한지 고발했어.
마침내 봉제 공장의 현실이 신문에 처음으로 실렸어.

우리는 사장들에게
부당한 대우를 받으면서도
바보처럼 찍소리 한번 못 하고 살아왔어.
그러니 우리 모임은 바보들의 모임이야.
이걸 철저하게 깨달아야만
언젠가 우리도 바보 신세를
벗어날 수 있어.

> 저는 제품 계통에 종사하는 재단사입니다. (줄임) 저희들의 요구는 1일 14시간의 작업 시간을 단축하십시오. 1일 10시간~12시간으로, 1개월 휴일 2일을 일요일마다 휴일로 쉬기를 희망합니다. 건강 진단을 정확하게 하여 주십시오. 시다공의 수당 현 70원 내지 100원을 50퍼센트 이상 인상하십시오. 절대로 무리한 요구가 아님을 맹세합니다. 인간으로서의 최소한의 요구입니다. (줄임)

전태일 열사는 그때 대통령이었던 박정희에게 노동자가 누려야 할 기본 권리를 보장해 달라는 편지를 쓰기도 했어. 하지만 편지는 대통령에게 전달되지 못했지.

전태일의 죽음

평화 시장 노동자들은 신문 기사를 보고 희망을 가졌지만 노동청은 노동 조건을 바꾸겠다는 약속을 지키지 않았어. 전태일과 노동자들의 노력에도 정부는 관심조차 기울이지 않았지. 그러던 1970년 11월 13일, 평화 시장에서 근로기준법을 불태우는 시위가 경찰들에게 막히자 전태일은 "근로기준법을 지켜라." "일요일은 쉬게 하라.", "우리는 기계가 아니다."를 외치며 스스로 온몸을 불살랐어.

전태일은 우리에게 무엇을 남겼을까?

전태일이 떠난 뒤, 어머니 이소선 여사와 평화 시장 노동자들은 '청계피복노동조합'을 만들어 노동운동과 민주화운동에 힘썼어. 그의 죽음을 계기로 다른 공장에도 노동조합이 만들어졌고 노동운동이 열 배는 더 활발해졌어. 전태일은 사람에 대한 사랑과 노동의 소중함을 몸소 일깨우며 새로운 역사를 만든 거야.

역사 배경지식 쏙쏙

전태일이 꿈꾸던 세상은 찾아왔을까?

오늘날, 안타깝게도 여전히 많은 노동자들이 위험한 일터에서 일하고, 비정규직이라는 이름 아래 차별받고 있어. 지난 2016년, 서울 지하철 구의역에서 스무 살 청년이 스크린도어를 수리하다가 목숨을 잃었어. 2018년에는 또 다른 청년이 태안화력발전소에서 사고로 목숨을 잃었어. 모두 위험한 일터 환경이 노동자들을 죽음으로 내몬 사건들이야.

구의역 사고 추모 현장

주제로 보는 한국사 연표 : 전태일이 걸어온 길

1948년 대구에서 태어남

1950년 아버지가 사업을 실패해 부산으로 이사

1954년 서울로 올라와 초등학교에 입학했지만 곧 학업 중단

1960년 생계를 위해 신문팔이, 빈 병 줍기, 성냥팔이를 함

1963년 야간 고등학교를 다니다 아버지 일을 도우려고 중퇴

1965년 평화 시장 '삼일사'에 견습공으로 취직

1966년 재봉사로 취직. 참혹한 노동 현실을 바꾸려고 재단사가 되기로 결심

1969년 '바보회'를 만듦

1970년 '삼동친목회'를 만듦
노동 실태를 조사해 방송국, 시청, 노동청에 알리며 투쟁 시작. 〈경향신문〉에 평화 시장 실태가 보도됨

1970년 11월 13일, 근로기준법 화형식을 치르기로 한 날, 경찰이 시위를 막자 분신 항거함

2019년 4월 30일, 전태일기념관 정식 개관
전태일 열사 분신 항거 49년 만에 그 뜻을 기리는 기념관이 문을 엶

함께 생각해요

• 전태일 열사가 꿈꾸던 세상을 이루기 위해 많은 이들이 노력하고 있어요. 이 세상이 찾아오려면 우리들은 어떻게 해야 할까요?

12월

녹색병원에서 마주하는
우리 모두의 인권

여기는 어디야?

인권을 존중하고 약자와 함께하는

특별한 병원이 있어. 바로 녹색병원이야.

이 병원은 의료 활동뿐 아니라 뜻깊은

사회 활동도 펼쳐 가고 있어.

노동자들의 권리를 일깨운 의미 있는 장소에

노동자들 힘으로 세운 병원이기 때문이지.

우리 사회를 건강하고 따뜻하게 만들어 가는

녹색병원에 함께 가 보자!

 주소 서울특별시 중랑구 사가정로49길 53
전화번호 02-490-2000

역사 달력

1948년 12월 10일 '세계인권선언' 발표
1950년 12월 10일 세계 인권의 날 제정
1979년 10월 16일 부마민주항쟁

역사 인물

김경숙(1958~1979)

김경숙 열사는 와이에이치(YH) 무역 회사의 부당한
폐업 조치에 맞서 항의하다가 목숨을 잃었어.
이 일은 부마민주항쟁의 불씨가 되었어.

생생 역사 속으로

인권을 지키는 병원, 녹색병원

'건강권'은 사람들이 건강하고 쾌적한 환경에서 생활할 권리, 병에 걸렸을 때 차별 없이 최선의 진료를 받을 수 있는 권리를 말해. 녹색병원은 모든 사람의 건강권을 존중하고 차별 없는 진료를 하려고 세운 병원이야.

'세계인권선언'의 가치를 실천하는 병원

제2차 세계대전은 인류 역사에서 사람이 가장 많이 죽고 다친 전쟁이야.
1948년 12월 10일, 국제연합(UN) 총회에서 다시는 이러한 끔찍한 일을 되풀이하지 말아야 하며 사람은 누구나 소중하다는 내용을 담은 '세계인권선언'을 발표했어. 또, 이를 기념하기 위해 1950년에 12월 10일을 '세계 인권의 날'로 정했어.

> 모든 사람은 태어날 때부터 자유롭고, 존엄하며 평등하다. 모든 사람은 인종, 피부색, 성, 언어, 종교 같은 어떤 까닭으로도 차별받지 않으며, 이 선언에 나와 있는 모든 권리와 자유를 누릴 자격이 있다.

> 녹색병원은 '세계인권선언'의 가치를 실천하는 병원이야.

인권치유센터가 있는 병원

우리 사회가 해결하지 못한 수많은 사회 문제를 온몸으로 알리고 투쟁하는 노동자들이 있어. 녹색병원은 높은 곳에 올라가 농성을 하고, 단식 투쟁과 파업 시위를 하다가 건강이 나빠진 노동자들을 보살피는 곳이야. 또, 인권치유센터를 만들어서 사회적 차별이나 진료비 때문에 치료받지 못하는 사람들을 돕고 있어.

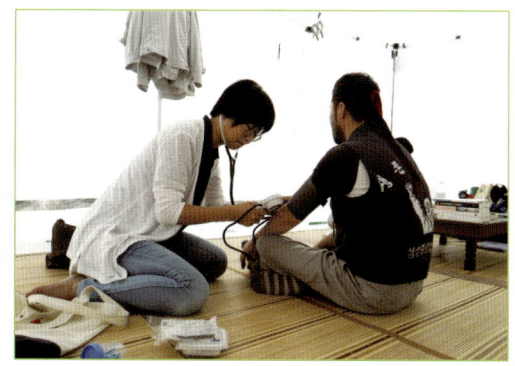

지난 2021년부터 2023년까지 244명이나 되는 투쟁 노동자들의 건강을 돌봤어.

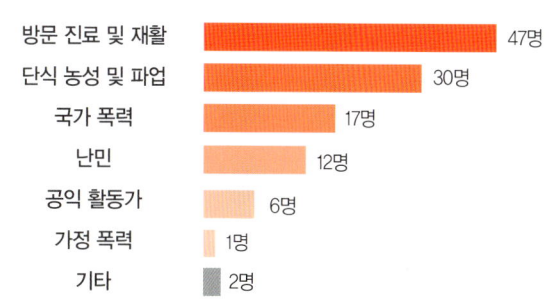

녹색병원 인권치유센터는 지난 2023년에 인권침해 피해자와 공익 활동가 115명에게 의료 서비스를 제공했어.

노동자들의 눈물과 아픔 위에 세워진 병원

녹색병원은 '원진레이온'이라는 공장에서 일하다 직업병이 생긴 노동자들 보상금으로 세워졌어. 병원이 들어선 자리는 1970년대 노동 운동의 중요한 사건인 '와이에이치(YH) 사건'이 일어난 '와이에이치 무역 회사'가 있던 곳이지. 그래서 녹색병원은 노동자와 약자를 가장 먼저 보듬고 치료하는 병원이 된 거야.

병원 승강기와 복도, 병실 안에 가득한 예술 작품은 환자들을 위로하고 격려하는 역할을 해.

'글비나리는 뜰' 원진 직업병 환자들의 꿈과 염원을 담은 글귀가 비처럼 내리는 쉼터야.

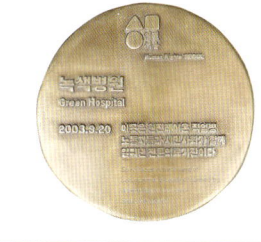

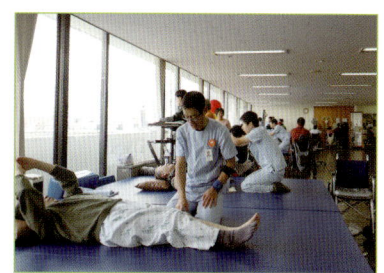

병원에서 가장 전망이 좋은 7층에 재활 치료실을 마련했어.

녹색병원에서 여기는 꼭 들러 봐!
- '복도 전시'

방문 콕콕

녹색병원은 직업병으로 고통받는
사람들이 뜻을 모아 세운 병원이야.
누구나 존중받고 건강하게 치료받을 수 있는 병원,
모두가 건강하게 일할 수 있는 환경을 꿈꾸며 만들었지.
녹색병원 벽면은 병원을 함께 만들어 간 수많은 사람들 이름과
여러 작가들의 그림과 사진 작품들로 꾸며져 있어.
복도 전시를 둘러보면서 더 나은 세상을 꿈꾸고
아픔을 이겨 나가는 사람들의 용기와 희망을 느껴 보면 좋겠어.

병원 곳곳마다 아름다운 작품들로 가득해. 환자 스스로 몸과 마음의 건강을 되찾는 공간이 되기를 바라며 꾸민 거야.

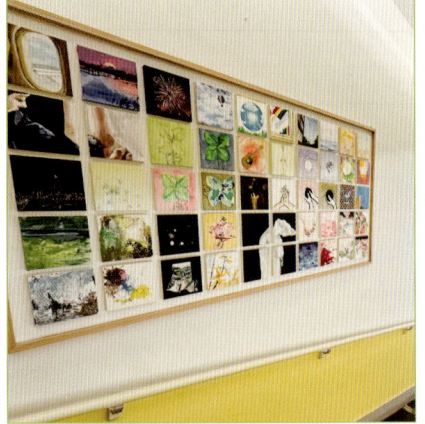

원진레이온 사건

직업병 투쟁의 시작

1988년, 실을 만드는 회사인 원진레이온에서 병에 걸린 노동자들이 나오기 시작했어. 피해 노동자들은 말을 더듬고, 팔·다리 마비, 뇌경색, 언어 장애, 정신 이상 같은 증상을 보였어. 바로 독성 물질인 이황화탄소가 누출되면서 중독된 거였지. 그러나 회사는 치료를 책임지기는커녕 아픈 노동자들을 강제로 퇴사시켰어.

> 공장에서 일하다 갑자기 쓰러진 뒤로 손발을 제대로 움직일 수가 없어요, 사장님.

> 일하다가 그랬다는 증거가 어딨습니까? 일 못 하겠으면 당장 그만두세요!

> 저희 국회의원들이 진상조사단을 꾸려서 이 문제를 제대로 조사해 해결하겠습니다!

정부가 처음으로 인정한 집단 직업병

일터 환경 때문에 병에 걸렸다는 걸 알게 된 피해 노동자들은 항의했어. 국회의원들이 조사를 시작했지. 조사 결과, 아픈 노동자들은 300여 명이었고 사망한 노동자만 열 명이 넘었어. (최종 조사 결과에서는 피해자가 1,000명에 가까워.) 피해 노동자들은 오랜 투쟁 끝에 우리나라에서 처음으로 집단 직업병이라고 인정받게 됐어. 그 뒤 피해자들을 돕기 위한 '원진직업병관리재단'이 만들어졌고, 원진 직업병 환자들을 치료하고, 일하다 다친 노동자들을 보살피기 위해 녹색병원을 세웠어.

> 원진레이온 노동자가 겪은 안타까운 일이 다시는 생기지 않도록 하는 것, 돈이 없어서 치료받지 못하는 노동자가 없도록 하는 것이 녹색병원의 목표야. 지난 2020년, 녹색병원은 전태일 열사의 뜻을 이어받아 '전태일 병원'이 되겠다는 약속을 했어.

와이에이치(YH) 사건

직원을 무더기로 해고한 회사

와이에이치 무역 회사는 우리나라에서
가장 큰 가발 수출 회사였어.
그런데 1970년대가 되자 가발 산업이 시들해졌고,
회사는 직원 수백 명을 한꺼번에 해고하려고 했어.
여기에 맞서 노동자들이 노동조합을 만들자,
회사는 아예 폐업을 선언하고 회장은 미국으로 도망쳤어.

노동자를 탄압한 박정희 정권

1979년, 와이에이치 무역 회사의 여성 노동자들은 이를 해결하려고
신민당 사무실로 가서 시위를 했어. 하지만 박정희 정권은 노동자들의
정당한 시위를 불법이라고 하면서 경찰 1,000여 명을 현장에 보냈어.
그리고 여성 노동자, 신민당 국회의원, 기자 들을 폭행해 시위를 진압했지.
이 과정에서 노조집행위원이었던 김경숙이 목숨을 잃었어.

독재자를 무너뜨리는 출발점이 된 사건

박정희 정권이 민주주의와 노동자를 탄압하는 일들을
계속하자, 부산과 마산에서 독재 정권을 무너뜨리고자
하는 '부마민주항쟁'이 일어났어.
그리고 1979년 10월 26일에 박정희가
부하에게 총을 맞으며 18년 독재는 끝이 났어.
이 모든 일의 출발점이 바로 와이에이치 사건이야.

전태일 열사에
이어 와이에이치
노동자들이 시민들에게
노동자의 권리를
일깨워 주었어.

역사 배경지식 쏙쏙

 **우리 사회가 안전하려면 노동자들부터 안전해야 해!**

코로나19를 겪으며 일상을 이어 나간다는 게 얼마나 소중한지 알게 되었어. 그 밑바탕엔 택배, 배달, 고객 상담 같은 일을 하는 필수 노동자들이 있지. 하지만 그때 당시에는 이들의 안전과 건강을 제대로 보살피지 않았어. 비좁고 열악한 환경에서 일했지만 마스크와 안전 교육이 제대로 지원되지 않았거든. 그래서 택배 물류센터와 고객센터에서 일하는 노동자들이 코로나19에 쉽게 노출되고 말았어. 우리는 노동자들의 안전과 건강이 곧 사회의 안전과 건강이라는 사실을 잊지 말고 꼭 기억해야 해.

 주제로 보는 한국사 연표 : 녹색병원과 인권

- 1979년 — 와이에이치(YH) 사건: 와이에이치 노동자들이 회사 폐업 조치에 항의하며 신민당 사무실에서 시위를 함
- 1979년 — 부마민주항쟁: 박정희 독재 정권에 반대하며 부산과 마산 지역을 중심으로 일어난 민주화 시위
- 1979년 — 10·26 사태
- 1988년 — 원진레이온 노동자들이 이황화탄소 중독으로 집단 직업병 발생
- 1989년 — 원진레이온 직업병 검진
- 1991년 — 직업병 인정 기준을 바꾸기 위해 투쟁
- 1993년 — 원진레이온 폐업 반대 투쟁
- 1993년 — 원진직업병관리재단 설립
- 1999년 — 원진녹색병원, 노동환경건강연구소, 원진복지관 설립 (경기도 구리시)
- 2003년 — 녹색병원 설립 (서울특별시 중랑구)
- 2017년 — 녹색병원 인권치유센터 개소
- 2020년 — 녹색병원 '전태일병원' 선언, '인권치유119' 출범

 함께 생각해요

- 녹색병원이 전태일 병원이 되고자 노력하는 까닭은 무엇 때문일까요?

1월 | 식민지역사박물관에서 살펴보는 반민특위

여기는 어디야?

1945년에 광복을 맞은 우리나라는 큰일을 앞두고 있었어.

바로 일제강점기 동안 벌어진 잘못을 바로잡는 일이었지.

1948년 9월, 우리 정부는 일제에 협력하며

우리나라와 민족에게 해를 끼친 사람들을 처벌하기 위한 법인

'반민족 행위 처벌법'을 공포했고, 이를 시행하기 위해서

'반민특위(반민족 행위 특별 조사 위원회)'를 만들었어.

과연 우리나라는 일제의 잔재를 말끔히 씻어 낼 수 있었을까?

일제강점기 전문 역사박물관인

식민지역사박물관을 둘러보며 함께 알아보자!

 주소 서울특별시 용산구 청파로47다길 27
전화번호 02-2139-0427

역사 달력

1948년 9월 22일 반민족 행위 처벌법 공포
1949년 1월 5일 반민특위 공식 활동

역사 인물

김상덕(1892~1956)

김상덕 선생은 일제강점기 때 일본과 중국에서 활약했던 독립운동가야. 일본 유학 당시 조선청년독립단을 만들었고, 중국 상하이로 가서 임시정부를 위해 힘쓰기도 했어. 1948년 5월에 제헌국회의원으로 당선된 뒤 반민특위 위원장이 되었어.

생생 역사 속으로

아픈 역사를 반복하지 않기 위해 만든 박물관

식민지역사박물관은 아픈 역사를 반복하지 않고
동아시아의 평화로운 미래를 만들기 위해 우리나라 시민과
해외 동포 그리고 일본 시민들 도움을 받아 문을 열었어.
2층 상설전시실로 올라가면, 일제강점기를 주제로
개화기부터 현대까지 역사를 정리한
전시를 만날 수 있어.

박물관으로 들어가는 길에 반민특위 터 표석이 있어. 건물 공사 때문에 방치된 표석을 여기로 옮겨 온 거야.

상설전시실 내부 모습

일제 아래서 크나큰 아픔을 겪은 우리 민족

1부 전시에서는 개화기부터 시작된
일제의 강제 병합 과정과 일제가 우리나라를
어떻게 식민 지배했는지 살펴볼 수 있어.
2부 전시에서는 우리 민족의 정체성을 없애기 위한
황국신민화 정책, 일제의 국가총동원법 때문에
강제로 전쟁터와 공장으로 끌려간
사람들 이야기를 볼 수 있어.

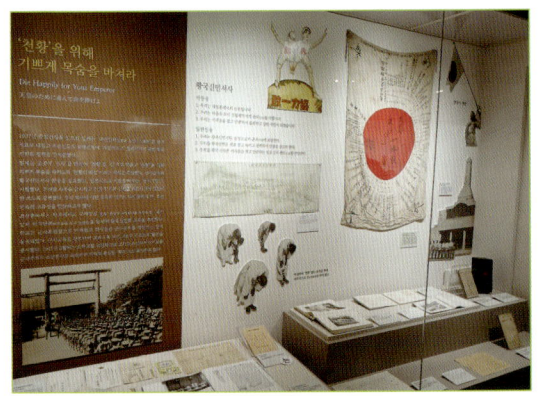

황국신민화 정책을 알려 주는 전시물

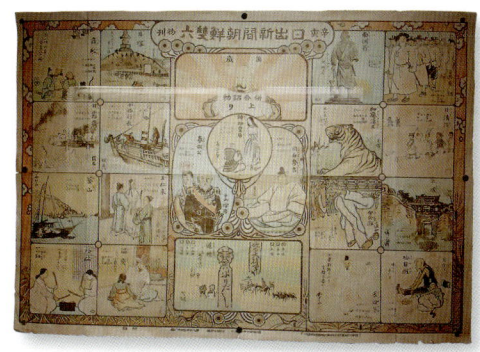

그 당시 한 일본 신문사에서 부록으로 만든 주사위 놀이판이야. 고대부터 강제 병합에 이르는 역사를 그림으로 표현했어. 아이들 놀이에서도 조선은 '식민 지배를 받을 수밖에 없는 나라'라는 잘못된 사실을 전했어.

혼돈의 시대, 서로 다른 삶을 살았던 사람들

폭력적인 일제 지배 아래서 사람들 선택은 엇갈리기도 했어. 목숨을 걸고 일제에 맞섰던 독립운동가와, 나라와 민족의 아픔에 고개 돌린 채 일제에 협력했던 친일파로 나뉘었지. 이처럼 3부 전시에서는 독립운동가와 친일파를 견주며 역사적 교훈을 되새기도록 했어.

독립운동에 대한 전시물

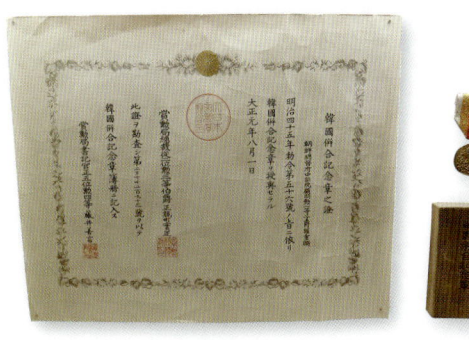

을사오적 가운데 한 사람인 권중현이 받은 훈장 증서와 기념 메달

어두운 과거를 딛고 일어서기 위해

4부 전시에서는 반민특위를 비롯해 일제가 남긴 잔재를 씻어 내기 위해서 어떤 좌절을 겪고 또 어떤 노력을 했는지 우리 현대사를 통해 보여 주고 있어. 더불어, 역사를 올바르게 세울 때 동아시아의 평화를 열어 갈 수 있다고 힘주어 말하고 있어.

잘못된 역사를 바로잡기 위해 한국과 일본 시민 사회가 함께 힘을 모으기도 했어. 서로 공감하고 연대한 이야기도 만나 봐.

식민지역사박물관에서
여기는 꼭 들러 봐! - '친일인명사전'

1949년 1월에 활동을 시작한 반민특위는
냉전, 분단과 같은 시대 흐름 때문에
안타깝게도 1년도 지나지 않아 해체되고 말아.
그러던 2009년, 반민특위가 해체된 지 60년 만에
《친일인명사전》이 출간되었어.
이 사전에는 일제와 협력했던 친일파 4,389명의 정보가
상세하게 쓰여 있어. 사전을 만드는 데 큰 어려움이 있었지만
국민들이 함께 힘을 모은 덕분에 완성할 수 있었다고 해.
4부 전시실에서 《친일인명사전》과 관련한
전시를 살펴봐. 어떻게 만들었고
그 의의는 무엇인지 자세히 알 수 있어.
이곳을 돌아보며 우리 역사를 올바로 세우고
용기 있게 마주하는 일이 왜 중요한지
느껴 보았으면 좋겠어.

> 사전을 만드는 일은 전문 연구자 150여 명, 집필 위원 180여 명, 문헌 자료 담당 연구자 80여 명이 함께한 아주 큰일이었어.

친일파, 나라와 민족을 팔아넘긴 이들

주권을 일본에게 빼앗긴 일제강점기 시절,
같은 조선인 가운데에도 우리 민족을 억압하는 사람들이 있었어.
그들은 자기들 성공과 재산을 지키기 위해 일제와 협력하며
나라와 민족에 큰 해를 입혔어. 일제의 식민 지배,
침략 전쟁을 적극적으로 도왔고 독립운동을 방해했지.
이런 친일파들은 판검사, 경찰, 정치인, 지식인과 문화예술인처럼
직업과 지위를 가리지 않고 사회 곳곳에 있었어.

반민족 행위자 처벌에 나서다

광복을 맞은 우리 민족에게 친일파를 처벌하는 일은 꼭 필요했어.
일제가 남긴 상처를 치유하고, 새 나라로 일어서기 위해서였지.
마침내 1948년 8월, 제헌국회는 반민족 행위 처벌법을 만들고 같은 해 9월에 공포했어.
그리고 반민특위(반민족 행위 특별 조사 위원회)를 세웠어.
1949년 1월, 반민특위는 국민들의 큰 관심을 받으며 활동을 시작했지.
일제와 협력하며 나라와 민족에게 해를 끼친 이들을 조사하고 법원에 심판을 요청했어.

반민특위는 4개월 동안 300여 명을 반민족 행위자로 체포했어. 체포된 사람 가운데 처음에는 독립운동을 했던 이광수, 최남선, 최린도 있었어.

반민족 행위 처벌법

제1조 일본 정부와 통모(通謀)하여 한일 합병에 적극 협력한 자, 한국의 주권을 침해하는 조약 또는 문서에 조인한 자와 모의한 자는 사형 또는 무기 징역에 처하고, 그 재산과 유산의 전부 혹은 1/2 이상을 몰수한다.

제2조 일본 정부로부터 작위를 받은 자 또는 일본 제국 의회의 의원이 되었던 자는 무기 또는 5년 이상의 징역에 처하고, 그 재산과 유산의 전부 혹은 1/2 이상을 몰수한다.

제3조 일본 치하 독립운동자나 그 가족을 악의로 살상, 박해한 자 또는 이를 지휘한 자는 사형, 무기 또는 5년 이상의 징역에 처하고, 그 재산의 전부 혹은 일부를 몰수한다.

무너진 반민특위

미군이 신탁통치를 하던 때, 친일파 정치인을 나랏일 하는 사람으로 그대로 쓰는 바람에 이승만 정권에도 친일파들이 남아 있었어. 친일파들은 반민특위 활동을 끈질기게 방해했지. 반민특위를 이끄는 국회의원들에게 간첩이라는 누명을 씌우기도 하고, 친일 경찰이 사무실에 쳐들어오기도 했어. 결국 반민특위는 세운 지 1년도 지나지 않아 무너지고 말았어.

이로써 우리나라는 역사를 바로잡을 기회를 놓치고 말았어. 조사 대상 7,000건 가운데 682건만 조사했고, 법원에 심판을 요청한 건 221건에 그쳤지.

역사를 바로 세우기 위한 움직임

반민특위 활동은 비록 기대에 미치지 못했지만 그 정신은 이어졌어. 1987년 6월민주항쟁으로 우리나라가 민주화를 이룬 뒤, 역사를 바로 세우자는 목소리가 다시금 나왔지. 이에 정부는 2005년에 '친일반민족행위 진상규명위원회'를 세웠어. 위원회는 2009년까지 활동하며, 친일파 1,005명의 정보를 담은 보고서를 발표했어. 시민 사회도 활발하게 움직였어. '민족문제연구소'라는 단체와 여러 학자들이 함께 힘을 모아 《친일인명사전》을 만들었지.

《친일인명사전》이 나온 날, 김구 선생님 묘소 앞에서 참배하며 세상에 널리 알렸어.

아직 끝나지 않은 싸움

일제의 국가총동원법 때문에 전쟁터와 공장으로 내몰렸던 '강제 동원 피해자'들은 여전히 힘든 싸움을 이어 가고 있어. 일본 정부를 향해 진상 규명과 사죄 등을 요구하고 있지. 또, 매주 수요일, 일본대사관 앞에서는 일본군 '위안부' 문제를 해결하기 위한 수요 시위가 꾸준히 열리고 있어.

역사 배경지식 쏙쏙

 역사를 바로 세운 한줄기 빛, 임종국 선생님

임종국 선생님은 시인이자 문학평론가였어. 그러던 1965년, 박정희 정권이 일본과 한일협정을 체결하자 선생님은 크게 분노했어. 당시 일본 정부는 일제강점기 때 저지른 일을 공식적으로 인정하지 않았고 어떠한 보상도 하지 않았거든. 임종국 선생님은 이 일을 계기로 친일 문제를 본격적으로 연구하기 시작했어. 그리고 1966년에 일제를 찬양하고 따르는 문학을 연구한 《친일문학론》을 세상에 내놓았지. 선생님은 돌아가시기 전까지 친일 문제를 연구하고 밝히는 데 온 힘을 쏟으셨어.

 주제로 보는 한국사 연표 : 반민특위

1948년 반민족 행위 처벌법 공포

1948년 반민특위 (반민족 행위 특별 조사 위원회) 출범

1949년 반민특위 공식 활동
이광수, 최남선, 최린, 친일 경찰인 노덕술, 김태석 등 300여 명 체포함

1949년 6·6반민특위 습격
친일 경찰이 반미특위 사무실을 습격함

1949년 반민특위 해체
'반민족 행위 특별 조사 위원회 해체안'이 8월에 국회를 통과. 반민특위는 친일파 청산 작업을 마무리하지 못하고 해체됨

1965년 한일기본조약 체결
박정희 정권 때 체결한 일본과의 국교 정상화를 위한 협정

1965년 한일청구권협정 체결
한일기본조약 부속 협정. 일본군 '위안부' 피해자 배상, 강제 동원 피해자 배상 문제의 원인이 됨

1966년 임종국 선생님 《친일문학론》 출간

1991년 반민족문제연구소 (민족문제연구소) 설립
반민특위와 임종국 선생님의 뜻을 잇는 단체

2005년 친일반민족행위 진상규명위원회 출범

2009년 민족문제연구소 《친일인명사전》 출간

2009년 《친일반민족행위 진상규명 보고서》 출간

 함께 생각해요

• 일제강점기 때 친일 행위를 한 사람들의 기록을 모으고, 사전으로 펴낸 까닭은 무엇일까요?

2월

대구와 나주에서 만나는
학생들의 뜨거운 외침

여기는 어디야?

일제강점기와 독재 정권.

우리나라는 자유로운 민주 국가가 되기까지

수많은 고비를 넘어야 했고, 많은 사람들 용기와 희생이

밑바탕이 되었어. 그 가운데에는 어린 학생들도 많았지.

나이는 어렸지만 불의에 맞서는 용기,

나라를 위하는 마음은 누구에게도 뒤지지 않았어.

대구와 나주를 돌아보며, 우리나라 민주화운동과

독립운동에 큰 힘이 되었던 학생운동에 대해 알아보자!

2·28민주
운동기념회관

나주학생독립
운동기념관

주소 대구광역시 중구 2.28길 9(2·28민주운동기념회관)
전남 나주시 죽림길 26(나주학생독립운동기념관)

전화번호 053-257-2280(2·28민주운동기념회관)
061-334-5393(나주학생독립운동기념관)

역사 달력

1929년 11월 3일   광주학생항일운동
1960년 2월 28일   2·28민주운동

역사 인물

이대우(1942~2009)

이대우 선생은 경북고등학교 2학년 때인 1960년에
2·28민주운동을 이끌었어. 이승만 정권의 부정부패에 맞서
일어난 2·28민주운동은 우리나라 민주화운동의
큰 디딤돌이 되었어.

생생 역사 속으로

부당한 권력에 맞선 정의로운 목소리, 학생운동

'학생운동'은 학생들이 스스로 정치, 사회, 환경 문제 들을 좋은 쪽으로 바꾸기 위해, 여러 가지 활동을 펼치는 것을 말해. 우리나라 역사 속에서 학생들은 일제와 독재 정권에 용감히 맞서며 새로운 미래를 만들어 온 주인공이었어.

전시관 입구에 있는 횃불 조형물이야. 민주주의의 불씨를 밝힌 학생들의 정신을 표현했어.

우리나라 민주화운동의 뿌리를 찾아 대구로!

📌 우리나라 최초의 민주화운동을 기리는 공간

2·28민주운동기념회관은 대구 지역 고등학생들이 이승만 독재 정권에 맞섰던 2·28민주운동을 기념하고 그 정신을 이어 가기 위해 만들었어. 1층 전시관에서 우리나라 민주화운동의 뿌리가 된 그날의 사건을 생생하게 살펴볼 수 있어.

전시물을 통해 당시 긴박했던 상황과 마주할 수 있어.

📌 대구 시내 곳곳에 있는 2·28민주운동 기념물

2·28민주운동은 대구 시내에 있는 8개 고등학교의 1, 2학년 학생들이 이끌었어. 그래서 경북고등학교, 대구고등학교, 경북여자고등학교 들을 비롯해, 학교와 대구 시내 곳곳에서 2·28민주운동 기념물들을 볼 수 있어.

이승만 정권이 독재 권력을 키우던 순간, 부당함에 맞서 학생들이 가장 먼저 민주주의를 외쳤어. 이를 기리기 위해 지난 2018년, 정부는 '2·28민주운동 기념일'을 국가기념일로 정했어.

경북고등학교에 세워진 2·28민주운동 기념탑과 조형물   경북여자고등학교에 세워진 2·28민주운동 기념 시비

일제에 용감히 맞선 학생들을 만나러 나주로!

학생들이 이끈 독립운동을 기념하는 전시관

나주학생독립운동기념관은 우리나라 3대 독립운동으로 평가받는 광주학생항일운동을 기념하기 위해 세운 곳이야. 제2전시실에서 일제의 식민지 교육 철폐와 독립을 외쳤던 당시 학생들의 이야기를 만날 수 있어.

기념관 내부 모습

나주역 역사공원

기념관 둘레에서도 독립운동과 관련한 역사적 장소와 기념물들을 볼 수 있어.
옛 나주역과 나주학생독립운동기념탑, 평화의 소녀상 들이 있지.
또, 광장 바닥에 우리나라 역사 연표를 새겨 놓기도 했어.

나주 학생들이 이끈 독립운동을 기념하며 세운 탑이야.

평화의 소녀상은 저마다 모습이 달라. '나주 평화의 소녀상'은 고향으로 날아가 부모 형제를 만나고 싶은 소녀들의 꿈을 나타내기 위해, 어깨에 날개가 있고 두 손에 보따리를 들고 있어.

나주시에서 여기는 꼭 들러 봐!
- '옛 나주역'

방문 콕콕

옛 나주역은 나주학생독립운동기념관 옆에 있어.
1913년, 호남선 철도가 개통하면서 세운 근대 건축물이지.
무엇보다 광주학생항일운동의 계기가 된 사건이
일어난 역사적 장소이기도 해.
옛 나주역은 그 역사적 가치를 인정받아
전라남도 기념물로 정해졌어.
나주학생독립운동기념관과 함께
학생들의 독립운동을 살펴볼 수 있는 뜻깊은 장소야.

옛 나주역 내부는 기차가 오가던 때 모습으로 꾸며 놓았어. 그래서 '통표'나 '구간 도장'처럼 옛날에 쓰던 물건들을 살펴볼 수 있어.

우리나라 최초의 민주화 운동, 2·28민주운동

부패한 독재 정권과 일요일 등교 지시

이승만 정권이 집권하던 때, 나라는 무척 혼란스러웠어. 국민들을 위한 정치를 한 것이 아니라, 독재 권력을 지키는 데 힘을 쏟았기 때문이야. 미국 원조에 의존하는 경제도 국민들 생활을 더 힘들게 만들었지. 독재 정권에 대한 국민들의 불만은 점점 쌓여 갔어. 그러던 1960년 2월, 이승만 정권은 3월 15일 선거를 앞두고 고등학생들이 일요일에도 학교에 나오게 했어. 야당 후보 선거 유세를 방해하려던 거야.

민주주의를 위한 첫 횃불을 학생들이 밝히다!

학생들은 일요일 등교 지시가 부당하다고 말했지만, 받아들여지지 않았어. 당시 경북고등학교 학생위원회 부위원장이던 이대우는 부정부패를 일삼는 독재 정권에 맞서기로 마음먹고, 경북고, 대구고, 경북사대부고 학생 30여 명과 시위를 꾸렸어. 마침내 2월 28일 일요일, 이대우와 학생위원 안효영은 단상에 올라 결의문을 읽어 내려갔지. 곧이어 대구 시내 거리는 "횃불을 밝혀라! 동방의 빛들아!" "학원을 정치도구화하지 말라"라는 학생들의 외침으로 가득 차올랐어.

> 백만 학도여! 피가 있거든 우리의 신성한 권리를 위하여 서슴지 말고 일어서라!

> 교육을 통해, 민주 의식이 높아진 학생들은 갑작스러운 일요일 등교를 수상하게 생각했어. 또, 자신들을 독재 정권을 위한 도구로 쓰려 한다는 데 크게 분노했지.

독재 정권을 무너뜨린 불길이 되다

대구 지역 8개 고등학교 학생들이 시위에 함께했어. 학생들의 용기에 힘을 얻은 대구 지역 언론은 이 일을 크게 보도했어. 덕분에 시위의 열기는 서울, 대전, 부산, 마산까지 퍼져 나갔지. 이렇게 민주주의를 외친 학생들의 목소리는 3·15의거와 4·19혁명으로 이어지며, 부패한 독재 정권을 무너뜨리는 소중한 불씨가 되었어.

학생들이 이끈 독립운동, 광주학생항일운동

조선인 학생들, 학생 단체를 만들어 차별에 맞서다

3·1운동에 놀란 일제가 식민 지배 방식을 문화 통치로 바꾸면서, 조선인들도 교육받을 기회가 생겼어. 그러나 일본인 교사들은 조선인 학생들을 차별하거나 무시했어. 조선인 학생들은 차별에 맞서기 위해 학교마다 학생 단체를 만들고 활동했지. 겉보기에는 평범한 '독서회'였어. 일본인 교사가 부당한 행동을 하면, 학교에 가지 않거나 수업을 거부하는 '동맹 휴학'을 벌였어.

일제의 교육 정책 목표는 우리 민족 정신을 무너뜨리는 데 있었어. 최소한의 교육만 받도록 해서, 민족의식과 근대 사상에 눈뜨지 못하도록 방해한 거야.

나주역 사건과 광주학생항일운동

그러던 1929년 10월 30일, 나주역 앞에서 조선인과 일본인 학생들이 충돌하는 사건이 벌어졌어. 일본인 남학생이 조선인 여학생을 괴롭히자, 조선인 남학생이 항의했는데 싸움이 난 거야. 이때 싸운 조선인 학생들은 광주고보에 다니고 있었어. 이 일이 알려지자, 광주고보 학생들은 11월 3일, 광주 시내로 나가 민족 차별 철폐와 식민지 교육 반대를 외치며 시위를 벌였어. 광주여고보와 광주농업학교를 비롯한 광주 지역 조선인 학생들이 함께했지.

광주학생항일운동은 광복 뒤, 민주화운동으로 이어지는 '학생 정신'의 뿌리가 되었어.

전국으로 퍼진 시위

1929년 11월에 시작한 시위는 전국으로 퍼져 나가며, 1930년 3월까지 이어졌어. 3·1 운동 이후 가장 큰 독립운동이었지. 광주학생항일운동에 전국 320개 학교, 5만 4천여 명에 이르는 학생들이 함께했어. 운동에 참여한 학생들은 졸업한 뒤에도 청년, 노동, 농민 운동 들을 하며 독립운동을 이어 나갔어.

역사 배경지식 쏙쏙

일제에 맞선 학생들의 힘, 학생 단체

1920년대 들어서 학생 단체가 크게 성장했어. 학생들은 이를 중심으로 식민지 교육에 저항하는 운동을 펼쳤어. 학교마다 '독서회'를 꾸려서 함께 사회과학*을 공부하고 민족의식을 키워 나갔지. 이러한 학생 단체는 독립운동에서 중요한 역할을 했어. 서울에 있는 학교 학생들이 모여서 만든 '조선학생과학연구회'라는 단체는 6·10만세운동을 일으켰어. 또, '성진회'는 광주 지역 학생들이 만든 비밀 단체인데 광주학생항일운동이 전국으로 퍼지는 데 큰 역할을 했어.

성진회 결성을 기념하며 찍은 사진

* 사회과학: 정치, 경제, 사회, 역사처럼 사회적인 현상을 설명하는 학문.

주제로 보는 한국사 연표 : 학생운동

함께 생각해요

• 우리 역사 속에서 학생들은 언제나 정의로운 목소리를 내며, 더 나은 세상을 만들어 왔어요. 이 모습을 보며 어떤 생각이 들었나요?

사진 제공

- 이 책에 실린 사진은 저자가 직접 촬영하거나 기관으로부터 제공받았습니다. 전시 공간을 직접 촬영한 사진은 해당 기관에 사용 허락을 받고 싣었습니다.
- 대구 사진 촬영은 신승민 선생님의 도움을 받았습니다.
- 국립여성사전시관, 국립4·19민주묘지, 나주학생독립운동기념관, 녹색병원, 늦봄문익환기념사업회, 독도체험관, 민주화운동기념사업회, 식민지역사박물관, 안중근의사기념관, 어린이어깨동무, 전태일기념관, 2·28민주운동기념회관, 5·18민주화운동기록관에 사용 허락을 받았습니다.
- 저작권자와 연락이 닿지 않아 허락을 받지 못한 사진은 연락이 닿는 대로 절차에 따라 허가를 받도록 하겠습니다.

경향신문
가발 공장 노동자 모습(86쪽)

국립여성사전시관
상설전시관 내부(10쪽), '여성의 역사' 전시실(10쪽), '위대한 유산'(10쪽, 12쪽), 화장품 방문 판매원의 가방(11쪽), 버스 차장의 물건(11쪽), '가족법 개정 운동' 홍보 포스터(11쪽), 군용 수표(11쪽), 김학순 할머니 동상(11쪽)

광주학생독립운동기념관
성진회 결성 기념사진(103쪽)

녹색병원
녹색병원 전경(80쪽), 투쟁 노동자 진료(83쪽), 승강기 외부-'노동을 위하여'(83쪽), '글비나리는 뜰'(83쪽), 재활 치료실(83쪽), 녹색병원 바닥 동판(83쪽), 복도 전시-사진(84쪽), 복도 전시-그림(84쪽), 복도 전시-기부자의 벽(84쪽), '전태일 병원 선언' 모습(85쪽)

늦봄문익환기념사업회
통일의 집 전경-김성곤 사진(43쪽), 통일의 집 내부-조완웅 사진(43쪽)

독도박물관
'연합국 최고사령관 각서 제677호'(69쪽)

민주화운동기념사업회
민주화운동기념관(옛 남영동 대공분실) 전경(32쪽), 정문(34쪽), 후문(34쪽), 회전 계단(34쪽), 5층 복도(35쪽), 조명 조절 장치(35쪽), 렌즈(35쪽), 509호 조사실(35쪽, 36쪽), 민주생활전시관 내부 1(56쪽), 민주생활전시관 내부 2(58쪽), 자유(58쪽), 평등(59쪽), 인권(59쪽), 금지곡(60쪽)

수원시립미술관
'나혜석 사진첩-제11회 조선미술전람회 입선 작품'(15쪽)

수원광교박물관
'삼국접양지도'(69쪽)

식민지역사박물관
박물관 입구(88쪽), 임종국 선생님(95쪽)

안중근의사기념관
안중근 의사 좌상(51쪽)

어린이어깨동무
평양 어깨동무어린이병원(42쪽), 남북 어린이 교류(42쪽), 평화전시실 내부(43쪽), 북한 동화책(44쪽), 북한 과자(44쪽), 북한 학용품(44쪽), 북한 화장품(44쪽)

영남대학교박물관
《신증동국여지승람》'팔도총도'(69쪽)

전쟁과여성인권박물관
제1,000차 정기 수요 시위-한재호 사진(55쪽)

전태일기념관
전태일기념관 전경(72쪽), '다락방 속 하루' 내부(76쪽)

전태일재단
동료 시다들과 찍은 사진(74쪽)

5·18기념재단
옛 전남대학교(27쪽), 옛 전남도청과 광장(27쪽), 위르겐 힌츠페터(31쪽)

부록

한눈에 보는 열두 달 근현대사 체험 담사 길

3월 국립여성사전시관

여성들의 삶과 투쟁, 그 역사를 살펴볼 수 있는 전시관.

역사 달력 1977년 3월 8일 세계 여성의 날 제정
역사 인물 이태영

경기도 고양시 덕양구
화중로 104번길 50 1~2층

4월 국립4·19민주묘지

4·19혁명 정신을 기억하고, 민주주의를 지키다가 희생된 시민들을 기리기 위한 곳.

역사 달력 1960년 4월 19일 4·19혁명
역사 인물 김주열

서울특별시 강북구
4.19로 8길17(수유동 산9-1)

5월 5·18민주화운동기록관

5·18민주화운동 기록물을 수집, 연구, 전시하며 역사적 사실을 시민들에게 알리기 위해 세운 곳.

역사 달력 1980년 5월 18일 5·18민주화운동
역사 인물 홍남순

광주광역시 동구
금남로 221

6월 민주화운동기념관 (옛 남영동 대공분실)

국가 폭력의 어두운 역사를 알리고, 민주주의와 인권의 소중함을 일깨우려고 만든 기념관.

역사 달력 1987년 6월 10일 6월민주항쟁
역사 인물 이한열

서울특별시

7월 어린이어깨동무

북한의 일상을 살펴보고, 남북이 평화롭운 공존을 체험할 수 있는 곳.

역사 달력 1953년 7월 27일 정전협정
역사 인물 문익환

서울특별시 종로구

8월 남산 국치길

일제강점기 아픔을 잊지 않으려고 남산에 조성한 역사 담사 길.

역사 달력 1910년 8월 29일 경술국치일
1991년 8월 14일 김학순 할머니 일본군 '위안부' 피해 사실 공개 증언
역사 인물 김하수

9월

민주생활홍보전시관

우리 생활에 깃든 민주주의와 그 역사를 한눈에 살펴볼 수 있는 전시관.

역사 달력 2007년 9월 15일 세계 민주주의 날 제정
역사 인물 진영숙

경기도 의왕시
내손순환로 132

서울특별시 중구
퇴계로26가길 6(기억의 터)

10월

독도체험관

독도에 대한 올바른 정보와 인식을 널리 알리고, 독도의 역사와 자연 등을 소개하는 전시관.

역사 달력 1900년 10월 25일 '대한제국 칙령 제41호' 공포
역사 인물 홍순칠

서울특별시 영등포구 영중로 15
타임스퀘어 지하 2층

11월

전태일기념관

전태일 열사를 기리는 전시관이자 노동 인권 교육과 문화 공연이 펼쳐지는 곳.

역사 달력 1970년 11월 13일 전태일 열사 분신 항거
역사 인물 이소선

서울특별시 종로구
청계천로 105

한강대로가길 37

12월

녹색병원

원진레이온 직업병 투쟁으로 설립. 인권을 존중하고 사회적 약자와 함께하는 병원.

역사 달력 1948년 12월 10일 '세계인권선언' 발표
역사 인물 김양숙

서울특별시 중랑구
사가정로49길 53

1월

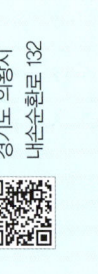

시민지역사박물관

우리나라 최초의 일제강점기 전문 역사박물관.

역사 달력 1949년 1월 5일 반민특위 공식 활동
역사 인물 김상덕

서울특별시 용산구
청파로47다길 27

2월

2·28민주운동기념회관

2·28민주운동을 기념하고 그 정신을 이어가기 위해 만든 전시관.

역사 달력 1960년 2월 28일 2·28민주운동
역사 인물 이대우

대구광역시 중구
2.28길 9

부록

한눈에 보는 열두 달 근현대사 체험 답사 길

3월 국립여성사전시관

여성들의 삶과 투쟁,
그 역사를 살펴볼 수 있는 전시관.
역사 달력 1977년 3월 8일 세계 여성의 날 제정
역사 인물 이태영

경기도 고양시 덕양구
화중로 104번길 50 1~2층

4월 국립4·19민주묘지

4·19혁명 정신을 기억하고, 민주주의를
지키다가 희생된 시민들을 기리기 위한 곳.
역사 달력 1960년 4월 19일 4·19혁명
역사 인물 김주열

서울특별시 강북구
4.19로 8길17(수유동 산9-1)

5월 5·18민주화운동기록관

5·18민주화운동 기록물을 수집, 연구,
전시하며 역사적 사실을 시민들에게
알리기 위해 세운 곳.
역사 달력 1980년 5월 18일 5·18민주화운동
역사 인물 홍남순

광주광역시 동구
금남로 221

8월 남산 국치길

일제강점기 아픔을 잊지 않으려고
남산에 조성한 역사 답사 길.
역사 달력 1910년 8월 29일 경술국치일
1991년 8월 14일 김학순 할머니
일본군 '위안부' 피해 사실 공개 증언
역사 인물 김학순

서울특별시 중구
퇴계로26가길 6(기억의 터)

7월 어린이어깨동무

북한의 일상을 살펴보고, 남북의 평화로운
공존을 체험할 수 있는 곳.
역사 달력 1953년 7월 27일 정전협정
역사 인물 문익환

서울특별시 종로구
성균관로 10길 5

6월 민주화운동기념관 (옛 남영동 대공분실)

국가 폭력의 어두운 역사를 알리고, 민주주의와
인권의 소중함을 일깨우려고 만든 기념관.
역사 달력 1987년 6월 10일 6월민주항쟁
역사 인물 이한열

서울특별시 용산구
한강대로71길 37

9월 민주생활전시관

우리 생활에 깃든 민주주의와
그 역사를 한눈에 살펴볼 수 있는 전시관.
역사 달력 2007년 9월 15일 세계 민주주의 날 제정
역사 인물 진영숙

경기도 의왕시
내손순환로 132

10월 독도체험관

독도에 대한 올바른 정보와 인식을 널리 알리고,
독도의 역사와 자연 들을 소개하는 전시관.
역사 달력 1900년 10월 25일 '대한제국 칙령 제41호' 공포
역사 인물 홍순칠

서울특별시 영등포구 영중로 15
타임스퀘어 지하 2층

11월 전태일기념관

전태일 열사를 기리는 전시관이자
노동 인권 교육과 문화 공연이 펼쳐지는 곳.
역사 달력 1970년 11월 13일 전태일 열사 분신 항거
역사 인물 이소선

서울특별시 종로구
청계천로 105

2월 2·28민주운동기념회관
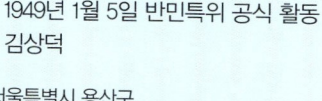
2·28민주운동을 기념하고 그 정신을
이어 가기 위해 만든 전시관.
역사 달력 1960년 2월 28일 2·28민주운동
역사 인물 이대우

대구광역시 중구
2.28길 9

1월 식민지역사박물관
우리나라 최초의 일제강점기 전문
역사박물관.
역사 달력 1949년 1월 5일 반민특위 공식 활동
역사 인물 김상덕

서울특별시 용산구
청파로47다길 27

12월 녹색병원
원진레이온 직업병 투쟁으로 설립.
인권을 존중하고 사회적 약자와 함께하는 병원.
역사 달력 1948년 12월 10일 '세계인권선언' 발표
역사 인물 김경숙

서울특별시 중랑구
사가정로49길 53